ERTRÄGE

Schriftenreihe der Bibliothek des Konservatismus

Band 2

ERTRÄGE

Schriftenreihe der Bibliothek des Konservatismus

Herausgegeben von der
Förderstiftung Konservative Bildung und Forschung
Redaktion: Patrick Neuhaus

Band 2

Nils Wegner

Die deutsche Geschichte geht weiter …

Die Brüder Marcel und Robert Hepp
und ihr politischer Weg
in den 1950er und 1960er Jahren

Förderstiftung Konservative Bildung und Forschung
Berlin

Satz: Oktavo, Syrgenstein
Gesetzt aus 10/14 Punkt Stempel Garamond
Gedruckt in Deutschland

Die Deutsche Bibliothek verzeichnet diese Publikation in der
Deutschen Nationalbibliographie; detaillierte bibliographische Angaben
sind im Internet über http://dnb.ddb.de abrufbar.

© 2015 Förderstiftung Konservative Bildung und Forschung
Fasanenstraße 4, 10623 Berlin
www.fkbf.de
ISBN 978-3-9814310-2-5

Alle Rechte vorbehalten.

Inhalt

Vorwort

Das vorliegende Werk beruht auf meiner Abschlußarbeit zur Erlangung des akademischen Grades eines »Baccalaureus Artium der Geschichts- und Kulturwissenschaften«. Diese wurde unter dem Titel »›Die deutsche Geschichte geht weiter ...‹ Die Brüder Marcel und Robert Hepp und ihr politischer Weg in den 1950er und 1960er Jahren« im August 2012 vom Historischen Institut der Justus-Liebig-Universität Gießen angenommen und von den Professoren Dirk van Laak und Anne Chr. Nagel begutachtet. Für die Veröffentlichung wurde sie im Nachhinein geringfügig überarbeitet – das heißt, um einige Redundanzen und Wiederholungen erleichtert. Darüber hinaus wurden einzelne, in der Zwischenzeit erschienene Quellen ergänzt.

Im Verlauf der Quellensammlung für die Arbeit erwies sich unglücklicherweise, daß Prof. Dr. Robert Hepp – vom Verfasser als wohl unmittelbarster Zeitzeuge um mögliche Erinnerungen und Aufzeichnungen gebeten – vom avisierten Thema alles andere als angetan war: »Ihr [...] Interesse für meine Jugendtorheiten hat mich, wie Sie sich denken können, sehr gerührt. Die Idee, die KF [d.i. die ›Katholische/Konservative Front‹; N.W.] zur Ehre der wissenschaftlichen Altäre zu erheben, ist aber natürlich eine Schnapsidee.«[1] Ein Abgleich der aus Sekundärquellen gewonnenen Informationen mit den persönlichen Erinnerungen Hepps konnte daher nicht stattfinden; weitere Fragen blieben unbeantwortet. Auch eine Zusendung des gesamten Textes der letztlich eingereichten Arbeit zeitigte keine Reaktion. Professor Hepp meldete sich erst in Reaktion auf einen auf der B.A.-Arbeit basierenden Artikel des Verfassers in der *Jungen Freiheit* anläßlich seines 75. Geburtstags[2] zu Wort, um einzelne Sachverhalte klarzustellen. Die Aussagen seines Leserbriefs[3] wurden, sinnvollerweise anderslautenden Quellen gegenübergestellt, in den Fußnotenapparat eingearbeitet.

Obwohl ursprünglich als rein biographische Studie gedacht, entwickelte sich die Arbeit aufgrund des immensen Grades des Eingebundenseins der Hepp-Brüder in die zeitgenössischen, rechtsintellektuellen Kreise schnell zu einer Art Milieustudie. Es sollte gelungen sein, grob zu umreißen, was im Betrachtungszeitraum an politischer Auseinandersetzung in der akademischen »Szene« noch möglich war – und vor allem, welche Verflechtungen zur Realpolitik zeitweise bestanden. Diese Netzwerke einmal nicht von der damaligen Parteiprominenz her sondern andersherum zu betrachten, sollte seinen Beitrag zu einem umfassenderen und undogmatischen Verständnis leisten.

Zu danken ist: für Rat, Auskunft und sachdienliche Hinweise Dr. Günther Deschner (Bonn), PD Dr. Peter Hoeres (Gießen), Karl Kardinal Lehmann (Mainz), Wilfried Scharnagl (München) sowie Dr. Karlheinz Weißmann (Göttingen); für Durchsicht, Tipps und Korrekturen Benjamin und Henriette B., Adrian A. sowie Michaela R.; für moralische Unterstützung während der Arbeit meinen Eltern, Immanuel R., Philipp K., Jannik W. sowie Laura K. – und selbstverständlich und insbesondere Prof. Dr. Dirk van Laak für Geduld und Nachsicht während der Betreuung meiner Arbeit.

Dank gebührt außerdem der Bibliothek des Konservatismus für die Bereitstellung schwer erhältlicher Literatur und die Unterstützung bei der Drucklegung des Ergebnisses.

Hamburg, im September 2014
Nils Wegner

1

Einleitung

»The New Right's interpretation of the state of Germany had three elements: a fundamental critique of contemporary culture and in particular the media; criticism of the political establishment; and criticism of foreign policy making, with the latter two derived from the first. Overall, however, it was the mixture – and mutual support of – cultural and political arguments that gave the New Right's analysis its inner logic and its distinctive flavor.«[4]

Diese noch verhältnismäßig junge Bestandsaufnahme vor Augen, eröffnet sich dem zeitgeschichtlichen Historiker bei der Betrachtung der Geschichte »(neu)rechten« und/oder »konservativen« Nachkriegswirkens ein weites Betätigungsfeld. Insbesondere in der Früh- und Konsolidierungsphase der Bundesrepublik, von der Verabschiedung des Grundgesetzes 1949 bis etwa zum Ende der sechziger Jahre (so man gewillt ist, das Jahr 1968 als eine Art »Epochenwende« zu begreifen), gab es zahllose Autoren, Publizisten und Periodika, von und in denen Politik-, Gesellschafts- und Kulturkritik von rechts der CDU betrieben und der – zeitweilig alles andere als fruchtlos erscheinende – Versuch unternommen wurde, dem jungen Staat eine im weitesten Sinne »autoritäre« Prägung zu verleihen. Die von etlichen früheren Nationalsozialisten maßgeblich mitbestimmte Wochenzeitung *Christ und Welt*, die Publikationen des orthodox-antikommunistischen William S. Schlamm oder das Springer-Blatt *Die Welt* unter dem ehemaligen »konservativen Revolutionär« – soweit man bereit ist, mit diesem umstrittenen Terminus zu arbeiten – Hans Zehrer kommen dem ansatzweise Kundigen auf diesem Gebiet schnell in den Sinn.

Ebenso ist das Wirken der beargwöhnten »Hintermänner« der frühen bundesrepublikanischen Rechtsintellektuellen, Carl Schmitt und Armin Mohler, bereits vielfach durchleuchtet worden. Beide sind zentrale Protagonisten einer der »großen Darstellungen zur Geschichte des deutschen Konservatismus«,[5] Helga Grebings extensiver und mit dem Erscheinungsjahr 1971 geradezu wegweisender Studie »Konservative gegen die Demokratie«,[6] und insbesondere zu Schmitt erscheinen spätestens seit den frühen neunziger Jahren nahezu jährlich mehrere neue Bücher.[7] Sowohl Schmitt, als auch Mohler lebten sehr lange: Schmitt starb 1985 mit fast 97 Jahren, Mohler 2003 im Alter von 83 Jahren. Sie scharten im Verlauf der Jahrzehnte des Bestehens der Bundesrepublik mehrere Kreise von direkten oder indirekten »Schülern« um sich, die teilweise – so beispielsweise der spätere Richter am Bundesverfassungsgericht Ernst-Wolfgang Böckenförde – in höchste Ämter aufsteigen sollten, so daß sie mit einigem Recht als prägend für Teilbereiche der deutschen Politik bezeichnet werden können.

Marcel und Robert Hepp, ein Brüderpaar aus Schwaben, tauchen in den landläufigen Arbeiten über Nachkriegskonservatismus zumeist allenfalls in Fußnoten auf. Während Robert ab Mitte der achtziger Jahre als intellektueller Stichwortgeber der »Republikaner« und Verfasser der höchst kontroversen ethno- und demographischen Studie *Die Endlösung der deutschen Frage*[8] zum politikwissenschaftlich thematisierten Vertreter einer »Grauzone zwischen Rechtsextremismus und Konservatismus«[9] wurde, geriet sein frühverstorbener Bruder Marcel weitestgehend in Vergessenheit. Sein Name taucht, wenn überhaupt, meist in Verbindung mit Armin Mohler und/oder Franz Josef Strauß in parteigeschichtlichen Studien über die CSU auf. Beiderlei mangelnde Berücksichtigung wird der tatsächlichen Rolle, die die Gebrüder Hepp für den bundesrepublikanischen Konservatismus der fünfiger und sechziger Jahre spielten, keinesfalls gerecht.

Ziel der vorliegenden Arbeit soll es daher sein, die persönlichen und politischen Biographien Robert und Marcel Hepps bis zum Krebstod Marcels, des älteren Bruders, 1970 nachzuzeichnen. Im Hinblick auf die Vita Robert Hepps wird dabei notwendigerweise ein kurzer Abriß seiner späteren, außerhalb des Betrachtungszeitraums liegenden Betätigungen inbegriffen sein, um einen Gesamtzusammenhang herzustellen. Zugunsten eines tieferen Verständnisses wird für jeden der Brüder die Rolle seines jeweiligen »spiritus rector« – das sind, nach dem Dafürhalten des Verfassers, im Falle Marcel Hepps Armin Mohler und im Falle Robert Hepps Carl Schmitt – kompakt dargestellt werden. Überdies werden jeweils zwei öffentlichkeitswirksame Äußerungen (Publikationen oder Vorträge) jedes Hepp-Bruders vorgestellt und in Beziehung zu geschichtlichen und politischen Umständen ihres Entstehens gesetzt werden.

Das Kernproblem bei dieser Herangehensweise stellt die

Quellenlage dar. Der überwiegende Teil der Literatur, in der zumindest einer der beiden Hepps erwähnt oder gar streiflichtartig thematisiert wird, steht unter jeweils unterschiedlichen politischen Vorzeichen: Während beispielsweise die Monographie Helga Grebings bereits in ihrem Titel bezeugt, sich mit »antidemokratisch« oder zumindest »demokratiekritisch« bestrebten Konservativen zu befassen, und somit bereits im Vorhinein eine Wertung ausspricht, stammen etliche andere Quellen von Autoren, die der sogenannten, wenngleich politisch schwer zu greifenden, »Neuen Rechten« zugeordnet werden und dadurch eine umfassende Quellenkritik geradezu herausfordern. Hinzu kommen offensichtlich parteipolitisch gefärbte Schriften wie insbesondere das Buch Giselher Schmidts[10] (das überdies von einer unüberschaubaren Anzahl von Flüchtigkeitsfehlern, selbst bei Datumsangaben, bestimmt ist) und Artikel in Zeitschriften, die gemäß ihrer politischen Agenda dem Wirken gerade Marcel Hepps diametral entgegenstanden – hier vorrangig der *Spiegel*.

Der Verfasser hat in der vorliegenden Arbeit versucht, die Argumente und Aussagen der verschiedenen politischen Lager – soweit als solche erkennbar – gleichberechtigt nebeneinander aufzuführen. Er hat sich des weiteren entschlossen, Primärquellen im Falle einer Unüberprüfbarkeit der darin geschilderten Sachverhalte zurückhaltendes Vertrauen zu schenken. Wo Daten oder konkrete Darstellungen mehrerer Quellen voneinander abwichen und keine eindeutige Klärung möglich war, wurde dies in den Anmerkungen aufgeführt. Die Gesamtdarstellung hat das Ziel, Fakten und Zusammenhänge *sine ira et studio* aufzuzeigen, ohne daß der Verfasser sich zitierte Inhalte zu Eigen machen wollte. Eine umfassende Analyse der wöchentlichen Artikel Marcel Hepps im *Bayernkurier* von 1967–1970 mußte aufgrund der schlechten Verfügbarkeit der betreffenden Jahrgänge (die vollständig lediglich im Archiv der Münchener Hanns-Seidel-Stiftung vorhanden sind) leider unterbleiben.

Angesichts des politischen Inhalts der Arbeit erscheint an dieser Stelle eine kurze, formelle Begriffsklärung unerläßlich. Die Gebrüder Hepp der heutzutage vielbemühten, sogenannten »Neuen Rechten« zuzuordnen, verbietet sich nach Ansicht des Verfassers schon aus dem Grund, daß diese an der französischen »Nouvelle Droite« orientierte politische Strömung erst zu Beginn der siebziger Jahre, unter federführender Beteiligung Henning Eichbergs, in der Bundesrepublik Fuß faßte und damit klar aus dem Betrachtungszeitraum dieser Arbeit herausfällt. Dem Verfasser erscheint es gleichsam fruchtlos, allein mit einer rein chronologischen Trennung zwischen »Neuer« und »Alter Rechter« zu arbeiten, wonach die Hepps zwangsläufig der »Alten Rechten« zuzuordnen wären. Die von Armin Mohler stammende Wendung »junge Rechte« scheint deutlich angemessener, was in Kapitel 3.3.1 seine Erläuterung erhalten wird. Angesichts der insbesondere von Robert Hepp geübten Konservatismuskritik wird der Begriff »konservativ« in der Arbeit, soweit eine Differenzierung verdeutlicht werden soll, wie oben durch Chevrons apostrophiert werden. Wo dies nicht der Fall ist, darf »konservativ« synonym für »rechts« verstanden werden; einer zusätzlichen Differenzierung verschiedener Grade »rechter« Gesinnung bedarf es für die vorliegende Arbeit nicht.

Die Arbeit wurde in Absprache mit dem betreuenden Professor in klassischer Rechtschreibung angefertigt.

2

Marcel Hepp – der »Gaullist«

Karl Marcel Hepp wurde am 2. Juni 1936 in Langenenslingen (heute Landkreis Biberach) als erstes Kind des Kauf-
manns Anton Hepp und seiner Frau Thekla[11] geboren; Karl
war sein Taufname. Mütterlicherseits war er mit dem gleich-
altrigen, späteren Kardinal und Bischof von Mainz Karl
Lehmann vervettert.[12] Anton Hepp wurde im Nachgang
des Attentats vom 20. Juli 1944 »wegen regimefeindlicher
Tätigkeit«[13] von der Geheimen Staatspolizei verhaftet[14] (für
Details siehe Kapitel 3.1). Nach dem Schulbesuch in Sigma-
ringen – wo er zeitgleich mit Karl Lehmann im örtlichen
»Erzbischöflichen Studienheim St. Fidelis« untergebracht
war – und Riedlingen[15] sowie Ablegen der Reifeprüfung
immatrikulierte Marcel Hepp sich 1956 an der Universität
Freiburg für ein Studium der Rechtswissenschaft, wechsel-
te zwischenzeitlich nach Tübingen und legte dort 1960 das
Erste Staatsexamen ab.

In Tübingen gründete Hepp außerdem mit seinem Bruder Robert 1959[16] die Studentengruppe »Katholische Front«.
Diese erregte durch ihr aktionistisches Vorgehen schnell
derartiges Aufsehen, daß sie sich noch im Gründungsjahr
auf Druck des Bischofs von Rottenburg in »Konservative
Front« umbenennen mußte[17] und so gleichsam offiziell ihre
Reihen auch für Nichtkatholiken öffnete.[18] Die Unfreiwil-

ligkeit der Namensänderung wurde jedoch betont, indem es beispielsweise hieß: »Konservative Front ist ein Pseudonym für Katholische Front.«[19] Die »Katholische« wie auch die »Konservative Front« zeichneten sich bei der Artikulation ihrer »elitären«[20] gesellschaftlich-politischen Vorstellungen gemäß dem Motto »Alles Große wächst im Sturm«[21] durch Einführung der »neuartigen Kampfmethoden«[22] »modern-aktionistischen Stil[s] mit Go-Ins, Teach-Ins«,[23] »Umfunktionieren von Versammlungen, Diskussionsaufforderungen an Professoren etc.«[24] in der Bundesrepublik aus. Ein Hauptziel ihrer Aktionen wurde der Tübinger Professor der Politikwissenschaften Theodor Eschenburg,[25] und das noch über die Studienzeit der Hepp-Brüder in Tübingen hinaus.[26] Besonders kontrovers diskutiert wurden ihre dezidiert provokativen »schrägen Flugblätter [...]«;[27] so berichtete der vom (im selben Jahr verbotenen) »Bund Nationaler Studenten« herausgegebene *Deutsche Studenten-Anzeiger* 1961: »In einem satirischen Flugblatt, das von der ›Konservativen Front‹ an der Universität Tübingen herausgegeben wurde, werden u. a. folgende Doktorthemen vorgeschlagen: ›Über Ideenflucht und Heimatlosigkeit. Grundlegung einer Psychologie der Entfremdung am Beispiel der Biographien linker Intelligenz (Bloch, Kuby, Bense).‹ ›Deutsch-israelische Studentengruppe; zur Geschichte der Geißlerbewegung im 20. Jahrhundert.‹«[28] Ein unklarer »halb erschreckter Beobachter«,[29] »journalistischer Beobachter«[30] oder »älterer Konservativer«[31] soll angesichts der eigensinnigen »Front«-Aktivitäten von ›eine[r] Mixtur aus Thomas von Aquin, Carl Schmitt und Enzensberger‹«[32] gesprochen haben. Marcel Hepp persönlich soll sich außerdem gegen die

Prinzipien der gleichen und geheimen Wahl ausgesprochen haben und für ein »Pluralwahlrecht« eingetreten sein;[33] diese Kritik ähnelt der Argumentation Carl Schmitts gegen das geheime Wahlrecht.[34]

Eben jener Carl Schmitt hatte Anfang 1960 erstmals von den Vorgängen in Tübingen gehört und sich mit der Frage »Wer ist denn dieser Herr Karl-Marcel Hepp? Und was bedeutet das?«[35] an Armin Mohler gewendet. Dieser war zuvor schon einmal auf Hepp getroffen, der noch als Jugendlicher Ernst Jünger im unweit von Langenenslingen gelegenen Wilflingen besucht hatte, wo Mohler von 1949 bis 1953 dessen Privatsekretär gewesen war.[36] Auch hatte Hepp bereits als Gymnasiast Mohlers Dissertation über die *Konservative Revolution*[37] gelesen, die ihn für die »Katholische« wie auch »Konservative Front« maßgeblich inspiriert hatte;[38] Mohler sollte ihm posthum die zweite, 1972 erschienene Auflage seiner Studie widmen und erklären, das Buch habe ihm die Freundschaft Marcel Hepps eingebracht.[39] Parallel bat Schmitt einen engen Freund, den Kirchenrechtler Hans Barion, vor Ort in Tübingen Erkundigungen einzuholen. Besonders verwunderlich erschien ihm der starke katholische Zug der »Konservativen Front«; ein anti-nihilistisches Gedicht mit Zitaten aus dem kirchlichen Hymnus *Veni Sancte Spiritus*, der Pfingstsequenz (»sine tuo nomine [sic!] nihil est in homine«[40]), ließ ihn verständnislos zurück.[41] Versuche Hepps, mit ihm in brieflichen Austausch zu treten, verwies der argwöhnische Schmitt zunächst an Mohler und bereitete gar eine – letztlich nicht versandte – ironisch-abweisende Antwort an Hepp vor, hinter dessen Initiative er linke Provokation vermutete.[42] Durch Mohlers Vermittlung, der eine »vernünftige Antwort an Hepp«[43] schickte, klärte sich dieser Irrtum alsbald auf, und Schmitt konnte schließlich schreiben: »Über H. bin ich jetzt psychologisch vollkommen im Bilde; vielen Dank für die erstklassige Information!«[44]

Im Jahre 1962, Hepp hatte inzwischen sein Rechtsreferendariat in Erlangen angetreten und gemeinsam mit seinem Bruder Robert die Strukturen der »Konservativen Front« dorthin überführt, sorgte ein weiteres polemisches Flugblatt der »Front« für einen universitären Skandal: Darin wurde die westdeutsche Entwicklungshilfepolitik scharf attackiert und – in giftiger Abwandlung eines Albert-Schweitzer-Zitats[45] – mit Bezug auf schwarzafrikanische Studenten in der Bundesrepublik von »schwarzen Minderbrüdern«[46] gesprochen. Die Universität Erlangen sprach Marcel Hepp aufgrund des »eindeutig rassistischen Charakter[s]«[47] dieses Flugblatts ein Hausverbot aus. Auch der örtliche Ring christlich-demokratischer Studenten (RCDS), in dem Hepp einen Vorstandsposten bekleidete, ging auf Distanz zu ihm.[48] Zuvor war mit diesem das Aktionsrepertoire der »Konservativen Front« um eine Art experimentelles politisches Stegreiftheater erweitert worden – so beispielsweise einer Interpretation der Novelle *Benito Cereno* von Herman Melville, dem »von C. S. [d. i. Carl Schmitt; N. W.] meistzitierte[n] Werk der Weltliteratur«,[49] mit Hauptaugenmerk auf die politischen Implikationen und einer anschließenden Diskussionsrunde mit ausdrücklich »schmittianischen« Auslegungen der Geschichte.[50]

Marcel Hepp erlangte 1965 mit Abschluß des Zweiten Staatsexamens den Assessorentitel. Abermals war es Armin

Mohler, der ihn weitervermittelte – diesmal an den CSU-Vorsitzenden Franz Josef Strauß, der einen persönlichen Referenten von außerhalb Bayerns suchte.[51] Am 1. März 1965 trat Hepp eine Stelle als Sachbearbeiter in der Münchener CSU-Landesleitung an und wurde bereits im Mai Referent für Öffentlichkeitsarbeit.[52] Im Herbst desselben Jahres machte Strauß ihn zu seinem persönlichen Referenten und »Berater in politischen Fragen«.[53] Damit rückte Hepp ins Zentrum des Kreises eines westdeutschen, »konservativ-katholischen Gaullismus«[54] vor, der sich im Verlauf des außen- wie innenpolitisch spannungsreichen Jahres 1965 unter Mitwirkung Mohlers um Strauß (der noch 1961 öffentlichkeitswirksam eine Vertiefung der deutsch-amerikanischen Allianz gefordert hatte[55]) bildete. Ebenso besuchte er gelegentlich gemeinsam mit seinem Freund Mohler die »Verschwörerzentrale«[56] der »Ebracher Seminare« um die Staatsrechtslehrer Ernst Forsthoff und Carl Schmitt;[57] während Schmitt sich 1965 bei beiden für ihre Teilnahme bedankte und ihnen Grüße zukommen ließ,[58] mußte er im Folgejahr ihre Abwesenheit beklagen.[59]

Im Sommer 1965 hatten Großbritannien und die USA – unter dem Eindruck des ersten chinesischen Atombombentests am 16. Oktober 1964 – Erstentwürfe des »Non-Proliferation Treaty« (NPT) gegen eine Weiterverbreitung von Atomwaffen vorgelegt, gegen die sich sofort massiver Widerstand der »Gaullisten« innerhalb von CDU und CSU formierte;[60] bei der Bundestagswahl vom 19. September 1965 war der Unionsspitzenkandidat Ludwig Erhard, der als »Atlantiker« den Interessen der »Gaullisten« entgegenstand, als Bundeskanzler bestätigt worden. Letzteres veranlaßte den Verleger Axel Springer, der der »Gaullisten«-Fraktion nahestand, zur Formulierung einer neuen politisch-publizistischen Stoßrichtung seiner Zeitungen: »Erstes Ziel war es, den bisherigen Außenminister ›auszuschalten‹; ferner sollte die FDP noch weiter geschwächt, dagegen Franz Josef Strauß gestärkt werden; schließlich sollte auf eine Große Koalition – ›wenn nicht schon in der ersten dann doch wenigstens in der zweiten Halbzeit der neuen Legislatur‹ – hingearbeitet und der ›zu erwartende Angriff des Deutschen Gewerkschaftsbundes auf das Wirtschaftssystem der Bundesrepublik‹ abgewehrt werden.«[61] Bei dem genannten mißliebigen Außenminister handelte es sich um Gerhard Schröder, der schon vor der Bundestagswahl für Aufruhr in den Unionsparteien gesorgt hatte:

> »Hintergrund des Streits war die erbittert ausgetragene Kontroverse zwischen Atlantikern und Gaullisten, die sich in der Endphase der Regierung Adenauer entzündet hatte und den Grad der Zusammenarbeit mit dem amerikakritischen französischen Staatspräsidenten Charles de Gaulle betraf. Dabei standen sich während dessen Amtszeit in der Union in der Hauptsache politisch konservative Katholiken – an der Spitze Adenauer und Strauß – und liberale Protestanten gegenüber, wenngleich die Protagonisten der Auseinandersetzung die zeitgenössische Zuordnung zu einem der Lager bestritten, ebenso die konfessionelle Färbung des Streits. Ein offenes Bekenntnis hätte sie auch dem Vorwurf der Einseitigkeit und der innerparteilichen Streitsucht ausgesetzt.«[62]

Entlang der außenpolitischen Überzeugungen der »Gaullisten« sowie eines insbesondere an Carl Schmitt orientierten innen- und staatspolitischen Konzepts von Legalität, Legitimität und Souveränität sollte sich fortan Marcel Hepps politisches Wirken entfalten. Am 1. Juli 1966 war er als Referent zu einem eigens anberaumten Gesprächsabend bei einer Bochumer Studentenverbindung geladen, wo er einen vielbeachteten Vortrag über »Wissenschaft im Raume der Politik« hielt[63] und im Anschluß mit dem ebenfalls anwesenden Philosophieprofessor Hermann Lübbe, Angehöriger der sogenannten »Ritter-Schule«[64] und ebenfalls Schmitt-Schüler, über innen- wie außenpolitische Fragen debattierte (siehe Kapitel 2.3.1). Eine Bochumer Studentenzeitung veröffentlichte im Frühjahr 1967 – also ein dreiviertel Jahr später! – einen umfassenden Bericht über den Vortragsabend, der im CSU-Vorstand für erhebliche Aufregung sorgte und Hepp die Kündigung durch den damaligen CSU-Generalsekretär Anton Jaumann eingebracht haben soll; diese sei jedoch auf Betreiben von Strauß wieder zurückgenommen worden.[65]

Strauß ernannte Hepp vielmehr mit Wirkung vom 1. Mai 1967 zum Geschäftsführenden Herausgeber der offiziellen CSU-Parteizeitung *Bayernkurier*, also zum direkten Vertreter seiner selbst; im Impresssum des *Bayernkurier* wurde er jedoch erst 1970 als ebensolcher geführt.[66] Er übernahm damit den bisherigen Posten von Alfons Dalma (eigentlich: Stefan Tomicic), der als neuer Chefredakteur des ORF nach Wien ging.[67] Gleich am 6. Mai erschien daraufhin »Hepps erster regelmäßiger Beitrag«.[68] Hepp hatte seinen aggressiv-provokativen Stil aus »den wilden Tagen der ›Katholischen

Front‹ im Tübingen vor der APO«[69] bewahrt und führte diesen nun journalistisch fort. Mit »unerbittlichen Angriffen«[70] erwarb er sich schnell einen Ruf als »publizistische Speerspitze der Partei«[71] beziehungsweise »Maulschelle des F. J. Strauß«,[72] »Einpeitscher vom Dienst«[73] und »publizistischer Kanalarbeiter«,[74] der den *Bayernkurier* in »ein schlagkräftiges rechtskonservatives Sturmgeschütz«[75] verwandelt habe.

In der Tat nutzte Hepp die Wochenzeitung als dezidiert politisches »Kampfblatt« zur Artikulation der spezifischen CSU-Interessen vermittels »[s]charfe[r] Angriffe«[76] – sowohl auf innere Abweichler, wie auch auf die politischen Konkurrenten. SPD (bis 1969 als Koalitionspartner, danach als Regierungspartei), FDP[77] und Gewerkschaften[78] wurden gleichermaßen zu Zielen der publizistischen »Freischärler-Aktionen«[79] Hepps und seiner Autorenkollegen; dies waren insbesondere der Journalist Winfried Martini, der Historiker und Vertriebenenfunktionär Emil Franzel sowie Armin Mohler.[80] Angesichts der radikalen Schärfe vieler *Bayernkurier*-Artikel, die der Geschäftsführende Herausgeber allesamt zu verantworten hatte, beklagten Beobachter insbesondere »die diffamierende Weise, in der sich die Auseinandersetzung bewegt«. Dazu einige Schlagworte: Ostpolitischer Kreuzzug, utopistische Crew, Regierung des Abenteuers, geschwätzige Unredlichkeit, Erfüllungshilfen des Systems von Jalta, Neo-Jaltesen, Kapitulation in Raten, Kotau vor Ostberlin. Solche »Wortschatzübungen« lassen sich beliebig fortsetzen.«[81] In diesen provokanten Formulierungen steckte derselbe beißende Sarkasmus, wie schon in den Parolen der »Katholischen/Konservativen Front«, und wohl zu Recht wurde Marcel Hepp bzw. der *Bayern-kurier* unter seiner Ägide bezichtigt, auf parteipolitischer Ebene einer »Verabsolutierung des Freund-Feind-Verhält-nisses«[82] anzuhängen: »Der sozialliberalen Politik soll-te eine Alternative entgegengestellt werden; die Politik der Opposition sollte nach Hepps Meinung mehr als bloß eine abgeschwächte Ausgabe der Regierungspolitik sein.«[83] Der Vorwurf, in »blinde[m] Haß gegen die Sozialdemokratie«[84] oder aus einem nostalgischen »Reichsgedanken« heraus[85] zu agieren, erscheint jedoch oberflächlich; vielmehr wird der von Hepp verantworteten Ausrichtung des CSU-Organs seine persönliche, an Carl Schmitt geschulte Auffassung eines dezisionistischen Etatismus zugrundegelegen haben:

> »Dies war wohl das Erstaunlichste an Marcel Hepp: daß ein junger Mann wie er [...] einen so ausgepräg-ten Sinn hatte für das, was den individuellen Wün-schen und Süchten übergeordnet war. Eine roman-tischere Zeit hätte es ›das Gemeinwohl‹ genannt, wieder eine andere ›das Reich‹. Er nannte es nüch-tern den Staat.«[86]

Neben der Haupttätigkeit für die CSU und den *Bayernku-rier* vertrat Hepp seine (Schmitt entlehnten) Ansichten zu staatlicher Souveränität unter anderem auch 1969 in einer Gesprächsrunde bei Radio Bremen über den Charakter und die Wirksamkeit des Grundgesetzes vor dem Hintergrund der Debatte um die »Notstandsverfassung«.[87] Darin beton-te er seine Zustimmung zu einem möglichst weitgefächer-ten politischen Instrumentarium des Staates, um in einem eventuellen Ausnahmezustand jedweder Art regulierend eingreifen zu können: »Auch die Staatsstreichtechnik ist modern geworden, hat ungeahnte Möglichkeiten, die wir früher nicht sahen. [...] Man weiß buchstäblich nicht, wie im Dschungel der Städte der nächste Notstand sich präsentiert. [...] Und wenn man das nicht beurteilen kann, muß man jetzt vorweg – leider, mir wär's auch lieber, die Regelungen wären spezieller, im Interesse der bürgerlichen Freiheit – leider generelle Regelungen treffen, um jeden Fall damit zu erfassen.«[88] Darüber hinaus wiegelte er die Befürchtungen seiner Mitdiskutanten, die Notstandsgesetzgebung würde von der Regierung gegen das Volk ausgenutzt werden, ab und betonte seinen Glauben daran, daß die freiheitlich-demokratische Grundordnung – wenn überhaupt – ausschließlich von raumfremden Mächten oder extremistischen Gruppen innerhalb der Bundesrepublik mit der Unterstützung »interessierter Dritter« gefährdet würde.[89]

Primärziele des publizistischen Kampfes des »streitlustigen und burschikosen [...] Schwaben«[90] Hepp gegen die Außenpolitik der sozialliberalen Bundesregierung (bzw. vor 1969 des Koalitionspartners SPD) waren die allmähliche Bereitschaft zur Abkehr von der »Hallstein-Doktrin«[91] (d.i. die Nichtanerkennung der DDR als »zweiter deutscher Staat«), die »Neue Ostpolitik« unter Bundeskanzler Brandt (mit absehbarer Anerkennung der Oder-Neiße-Linie) sowie insbesondere der oben erwähnte NPT, von Hepp (und Strauß[92]) zumeist abfällig als »Atomsperrvertrag« bezeichnet – dies sollte implizieren, daß eine Ratifikation durch die Bundesrepublik nicht nur Kernwaffen, sondern auch das friedliche Nutzungspotential der Atomenergie dem westdeutschen Zugriff entziehen würde. Diese Streitpunkte dienten als Grundlagen für Hepps Polemiken, die von einer

gewissen argumentativen Rücksichtslosigkeit gekennzeich-
net waren und des öfteren auch *ad hominem* gingen: so beispielsweise gegen Bundeswirtschaftsminister Karl Schil-
ler, dem sein zerrüttetes Eheleben vorgehalten wurde.[93] Im
Vergleich zur Berichterstattung über innenpolitische Verhältnisse in der Bundesrepublik intensivierte sich die publizistische Schärfe noch, wenn es um Angelegenheiten des
Auswärtigen ging: »Gerade auf dem Gebiete der Deutsch-
land- und Außenpolitik, wo behutsame Argumentation am
notwendigsten ist, kennt die Demagogie des *Bayernkurier*
kein Maß und keine Grenzen. Jeder Versuch, zu einer Verständigung mit der UdSSR und ihren Verbündeten zu kommen, wird diffamiert.«[94]

Die absolute »Nemesis« Marcel Hepps war jedoch der
NPT. Ihm, bzw. dem Aufbau politisch-publizistischen
Drucks gegen seine Ratifikation, galt der Großteil seines
journalistischen Wirkens beim *Bayernkurier*,[95] und das
nicht ohne (wenngleich vorläufigen) Erfolg: »Mit takti-
schem Geschick wie mit unverhüllter Pression gelang es der
CSU für die Dauer der Großen Koalition, die deutsche Unterschrift unter den Vertrag zu verhindern.«[96] Ebenso hatte Hepp großen Anteil daran, den NPT zu einem zentra-
len Wahlkampfthema zur Bundestagswahl 1969 zu machen,
indem er im *Bayernkurier* wiederholt davor warnte, eine
nachgiebige Haltung der Unionsparteien gegenüber den
Weltmächten USA und UdSSR in dieser Sache würde der
NPD, die sich bis dahin als einzige Partei ausdrücklich gegen eine Vertragsunterzeichnung durch die Bundesrepublik
positioniert hatte, Wähler aus dem CDU/CSU-Milieu zu-
treiben.[97] Der Aufstand der »CSU-Politiker und ihre[r] po-

litischen Propagandisten vom Schlage Marcel Hepp«[98] erwuchs klar aus der Agenda der parteiinternen »Gaullisten«: »Erstens wollte man eine europäische Atomwaffenoption bei einem Zusammenschluß der EWG-Staaten offen halten. Zweitens wollte man weiterhin ungehindert am zivilen atomaren Fortschritt partizipieren, schließlich galt die Atomkraft damals lagerübergreifend als entscheidende Zukunftstechnologie. Drittens wollte man vor Erpressungsversuchen der Atommächte, allen voran der Sowjetunion, die explizit an den UN-Feindstaatenklauseln festhielt, geschützt sein, und viertens sollte das Proliferationsverbot von einer allgemeinen Abrüstung, gerade der Atommächte, begleitet werden.«[99]

Vor diesem Hintergrund veröffentlichte Hepp 1968 ein »vielbeachtete[s] Pamphlet«,[100] das, dem Duktus Hepps und Strauß' entsprechend, konsequenterweise nur *Der Atomsperrvertrag*[101] betitelt werden konnte. In dem mit der Werbephrase »Erregende Fragen! Schicksalsfragen für Deutschland und Europa!«[102] eingeleiteten Buch legte Hepp die CSU- und »gaullistischen« Vorbehalte gegen den NPT – besonders im Hinblick auf eine anzustrebende deutsche Souveränität – nochmals ausführlich dar und gelangte schlußendlich »zu einer kompromißlosen Ablehnung der von den Supermächten von Bonn geforderten Unterschrift«[103] (siehe Kapitel 2.3.2). Damit erzeugte er nicht zuletzt erhebliches Unbehagen in seiner eigenen Partei: »Sicher nicht ohne Grund hat kein CSU-Politiker dem Pamphlet ein Geleitwort gegeben. Es bestand so die Möglichkeit, sich bei politischen Angriffen auf das in demagogischer

Sprache verfaßte Machwerk davon zu distanzieren.«[104] Im März des Folgejahres 1969 reiste Marcel Hepp gemeinsam mit dem CSU-Abgeordneten Walter Becher in die USA, um unter den dortigen republikanischen Kongreßabgeordneten Verbündete im Kampf gegen den NPT zu finden. Nicht ohne Stolz vermerkte Becher in seinem für den Bundeskanzler bestimmten Reisebericht: »Es wurde uns gesagt, die vorgetragenen Argumente hätten die Zahl der Senatoren, die gegen die Ratifizierung stimmten, von ursprünglich sechs auf fünfzehn erhöht.«[105] Dennoch sollte der »Nichtverbreitungsvertrag« am 5. März 1970 in Kraft treten, und der eigenmächtige Vorstoß der CSU sorgte nach seinem Bekanntwerden für erheblichen parlamentarischen Aufruhr in der Bundesrepublik.[106]

Infolge seines deutlichen innerparteilichen Rechtskurses und des rigorosen Umgangs mit politischen Opponenten mehrten sich schließlich auch in den Unionsparteien die Forderungen nach einer Abberufung Hepps von seinem Posten als Geschäftsführender Herausgeber des *Bayernkurier*. So forderte die Landesversammlung der »Jungen Union« Bayern bereits 1968 seine Entlassung;[107] im Folgejahr bat sogar der Mainzer CDU-Parteitag bei Parteichef Kiesinger um die Ablösung Hepps.[108] Als die Personalie selbst im Bundestag zum Thema wurde, konnte Strauß nur noch abwiegeln und die Autonomie der CSU und ihres Parteiblattes hervorheben. Hepp selbst betonte stets die relative Unabhängigkeit der Redaktion vom offiziellen Herausgeber.[109]

Anfang 1970 dann wurde bei Marcel Hepp eine weit fortgeschrittene Tumorerkrankung des Rückenmarks[110] diagnostiziert. Er wurde zuerst in eine Münchener,[111] später in eine Heidelberger[112] Klinik gebracht, doch konnte nichts mehr für ihn getan werden. Am 9.[113] Oktober 1970 verstarb *»eine der großen Hoffnungen der jungen Rechten«*[114] im Alter von nur 34 Jahren. Hepp, der sich 1967 verheiratet hatte,[115] hinterließ »eine Frau, eine während seiner Krankheit geborene Tochter«;[116] *Bayernkurier*[117] (für Carl Schmitt ein würdiger »Tymbos«[118]), *Deutschland-Magazin*[119] und *Spiegel*[120] widmeten ihm Nachrufe. Die Trauerfeier mit einem »bewegende[n] katholische[n] Gottesdienst«[121] und einer Grabrede von Franz Josef Strauß fand am Wochenende des Außerordentlichen CSU-Parteitags vom 16. und 17. Oktober in der Münchener Paulskirche statt.[122]

2.2 *SPIRITUS RECTOR* ARMIN MOHLER

Armin Mohler lernte Marcel Hepp kennen, als der Gymnasiast Anfang der fünfziger Jahre Ernst Jünger in Wilflingen besuchte. Auch nachdem er die Bundesrepublik verlassen hatte, um in Paris als Zeitungskorrespondent zu arbeiten, blieb er mit Hepp in Kontakt – Mohler war es, der nach der Gründung der »Katholischen« beziehungsweise »Konservativen Front« für ihn den Kontakt zu Carl Schmitt in Plettenberg herstellte und diesen, dem der Stil der »Front«-Flugblätter für Rechte zu klug anmutete,[123] über den politischen Charakter der Heppschen Aktionsgruppe unterrichtete. Zuvor hatte Mohler bereits Robert Hepp in seinem Hause empfangen,[124] als der im Wintersemester 1958/59 ein Auslandssemester in Paris absolvierte. Bindeglied zwischen beiden Hepps und Mohler war dessen Dissertation über die »Konservative Revolution«, bei der es dem gebürtigen Schweizer ihrer gemeinsamen Meinung nach »weniger um eine gerechte historische Würdigung der konservativen Bewegungen der Zeit zwischen 1918 und 1932 ging als um die Anregung der »kreativen Phantasie« der Bundesrepublikaner«;[125] in ähnlicher Absicht dürfte Mohler in der gemeinsamen Pariser Zeit auch auf Robert Hepp eingewirkt haben.

Ende 1961, im Jahr des Mauerbaus, kehrte Armin Mohler in die Bundesrepublik zurück und nahm das Angebot einer Stelle bei der Münchener Carl Friedrich von Siemens-Stiftung an,[126] deren Geschäftsführer er 1964 werden sollte. Während der »*Spiegel*-Affäre« 1962 war Mohler laut Eigenaussage »neben Emil Franzel der einzige Intellektuelle, der noch zu Strauß gestanden hat«,[127] wodurch er Strauß' Vertrauen gewann und zu seinem Redenschreiber und *Bayernkurier*-Mitarbeiter avancierte.[128] Nachdem der CSU-Vorsitzende infolge der »*Spiegel*-Affäre« auf sein Amt als Bundesverteidigungsminister verzichtet hatte, »suchte Strauß sich auf dem Feld der Außenpolitik neu zu profilieren«;[129] dabei vollzog er seine Hinwendung zu einem »deutschen Gaullismus« »unter dem Einfluß rechtskonservativer Berater wie des Journalisten Armin Mohler«.[130]

Bald begann Mohler, regelrechte Grundlagenarbeit für eine genuin deutsche »Gaullismus«-Konzeption zu leisten. Diese schien ihm die zeitgemäße und erfolgversprechende Umsetzung seiner Vorstellung eines »technokratischen Konservatismus«[131] zu sein, wie er im Mai 1963 bei einem Treffen von Rechtsintellektuellen unter der Schirmherrschaft seines Freundes Caspar von Schrenck-Notzing (Publizist und jahrzehntelanger Mäzen der bundesrepublikanischen Rechtsintellektuellen) in Anwesenheit der Hepp-Brüder[132] in dem Vortrag »Die politische Rechte in der industriellen Gesellschaft« darlegte.[133] Vom französischen Vorbild übernahm Mohler die Leitlinien der Außenpolitik: »das Zusammengehen mit dem Nachbarn in bezug auf die atomare Bewaffnung, die Selbständigkeit zwischen den Blöcken, die Fühlungnahme mit China, um Europa und damit der Bundesrepublik mehr Handlungsspielraum zu verschaffen«.[134] Strauß hielt er für den geeigneten Mann, dieses politische Gesamtkonzept langfristig in der Bundesrepublik einzuführen und durchzusetzen.

Einen noch direkteren Zugang zu Strauß erlangte Mohler, nachdem er es 1965 vollbracht hatte, dem CSU-Vorsitzenden seinen Intimus Marcel Hepp als persönlichen Referenten anzudienen.[135] Schon nach zwei Monaten der Arbeit Hepps in der CSU-Landesleitung zeigte sich Mohler »*erstaunt, wie sicher sich Marcel Hepp in den politischen Kessel reinfand, ohne drin zu ersaufen*«.[136] Im selben Jahr erschien Mohlers programmatisches Werk *Was die Deutschen fürchten*,[137] das eine Art Manifest des »deutschen Gaullismus« darstellen sollte. Darin analysierte er die bundesrepublikanische Gegenwart aus der Perspektive des Schweizers und langjährigen Frankreichkorrespondenten; in der Hauptsache ging es ihm darum, den Deutschen den französischen »Begriff des Politischen« verständlich und schmackhaft zu machen, mithin darzulegen: »Von den Franzosen kann man lernen, daß politisches Verhalten darin besteht, die Welt, wie sie sein sollte, nicht mit der wirklichen Welt zu verwechseln.«[138]

Dieses Buch war als publizistische Unterstützung für die politische Neuausrichtung der Unionsparteien intendiert, die Mohler und Hepp gemeinsam voranzutreiben suchten. Während die CDU ihren maßgeblich von Bundeskanzler Erhard und Außenminister Schröder bestimmten »Atlantiker«-Kurs der Anlehnung an die USA weiterfuhr, schwenkte Strauß schnell auf die ihm von seinen beiden engen Mitarbeitern nahegelegte, neue Linie um; die »gaullistische« Kampagne nahm insbesondere im Februar 1967 nach Bekanntwerden der ersten beiden Artikel des »Atomwaffensperrvertrags« und der Unterstützungsversicherung Axel Springers an Franz Josef Strauß[139] erheblich an Fahrt auf. Dennoch vermochte Strauß nicht, sich den radikalen Vorstellungen seines Beraterduos Hepp und Mohler vollumfänglich anzuschließen. Im Vorfeld der Bundestagswahl 1969 empfahl Mohler dem zaudernden CSU-Chef brieflich in einer Art Ultimatum ein – auch Hepps Ausrichtung entsprechendes – Wahlkampfkonzept:

»In der heutigen Situation gibt es vier Wahlkampfthemata, die über Schulhausbausubventionen und ähnliches hinausgehen:

1. Gegen den Atomsperrvertrag

2. Gegen die *Vergangenheitsbewältigung* (Verjährungsfrage)

3. Gegen die *Mitbestimmung*, aber für Vermögensbildung des kleinen Mannes

4. Gegen die Aufweichung der Bundeswehr

Wenn sich die CDU/CSU klar dieser vier Probleme energisch annimmt, gewinnt sie die absolute Mehrheit.«[140]

Strauß schlug diesen Rat jedoch in den Wind und mußte am 28. September 1969 eine drastische Wahlniederlage einstecken. Genau zwei Monate später[141] mußten Marcel Hepp und Armin Mohler erleben, wie die neue sozialliberale Bundesregierung dem »Atomsperrvertrag«, den beide jahrelang publizistisch – insbesondere mit der gleichnamigen Streitschrift Hepps, zu der ihn Mohler bewogen hatte[142] – bekämpft hatten, beitrat. Mohler ging enttäuscht allmählich auf Distanz zu Strauß; nachdem Hepp tödlich an Krebs erkrankt war, vertiefte sich diese bestehende Kluft aufgrund der mangelnden Empathie des CSU-Vorsitzenden gegenüber seinem Intimus bis hin zur kaum verhohlenen Verachtung.[143]

In seinen Nachrufen auf Marcel Hepp bezeichnete Mohler diesen emphatisch als »*eine der großen Hoffnungen der jungen Rechten*«.[144] Drei Jahre nach dessen Tod veröffentlichte Mohler in einem Sammelband[145] den phänomenologischen Essay *Der faschistische Stil*,[146] in dem er den Faschismus als eine weniger politische, vielmehr ästhetische, auf einem gewissen »kalten Stil« fußende innere Ausrichtung charakterisierte. Dies fand unter maßgeblicher Berufung auf die Werke Ernst Jüngers und Gottfried Benns aus der Zwischenkriegszeit statt; als exemplarischer Protagonist des (paneuropäischen) Faschismus galt Mohler jedoch insbesondere der Mitbegründer der spanischen Falange, José Antonio Primo de Rivera (1936 hingerichtet), der den nach seiner Definition für den »faschistischen Stil« konstitutiven Kultus des Einzelnen verkörpert habe.[147] Hierbei ist besonders interessant, daß Mohler mehrfach bekannt haben soll, »daß er sich José Antonio wie MH [d.i. Marcel Hepp; N. W.] vorstellte«.[148]

Armin Mohlers besondere Hinneigung zu Marcel Hepp, den er für »*den vernünftigeren der beiden Brüder*«[149] hielt und sogar dazu auserkoren hatte, einmal seine Grabrede zu halten,[150] wird unter Betrachtung folgenden Umstandes verständlich: Für Mohler war Hepp »einer meiner beiden engsten Freunde«[151] – der andere, Mohlers »engster französischer Freund, [...] ebenfalls jünger als ich«,[152] war Michel Mourre.[153] Mourre war ein Vertreter der bilderstürzlerischen französischen Künstlerbewegung der »Lettristen« und sollte – ebenso wie Hepp – an Krebs sterben.[154] Es zeigt sich, daß Mohler gemäß seines Selbstanspruchs, Grundlagenarbeit für eine (nicht allein bundesrepublikanische) neue Rechte leisten zu wollen, eine hohe Affinität zu jungen, aktionistisch orientierten Dissidenten verspürte und sich nach Kräften bemühte, diese bei ihren jeweiligen Vorhaben zu unterstützen.

Die enge Freundschaft zwischen Marcel Hepp und Armin Mohler erwuchs in gegenseitiger Ergänzung und Unterstützung. Mohler begleitete Hepps politischen Weg von den frühen fünfziger Jahren an, beeinflußte seinen intellektuellen Horizont maßgeblich durch die Heranführung an das Werk Carl Schmitts (dem sich Marcel Hepp, vielleicht auch aufgrund seines eigenen juristischen Hintergrundes, als einzigem Autor aus Mohlers umfangreicher »Leseliste« verbunden gefühlt haben soll[155]) und darf somit vollumfänglich als »*spiritus rector*« des jung verstorbenen Hepp gelten. Der Marcel Hepp von seinem Bruder Robert lange nach seinem Tod in den Mund gelegte Ausspruch »›Konservative Revolution‹, das hieß also für mich primär: die deutsche Geschichte geht weiter«[156] faßt die Rolle Mohlers für seinen politischen und persönlichen Werdegang konzis zusammen.

2.3 EXEMPLARISCHE ÄUSSERUNGEN

2.3.1 Vortrag »Wissenschaft im Raume der Politik«

Die kurzlebige[157] Bochumer Studentenzeitschrift *Ruhr-Reflexe. Zeitschrift der Studentenschaft an der Ruhr-Universität Bochum* veröffentlichte in ihrer Ausgabe Nr. 4 von 1967 einen vierseitigen Bericht über einen Vortrag Marcel Hepps mit anschließender, kontroverser Diskussion. Hepp war am 1. Juli 1966 auf einem »Burschenschaftlichen Abend« der Neuen Bochumer Burschenschaft als geladener Referent aufgetreten und hatte vor einer »nicht unbeträchtlich[en]«[158] Zuhörerschar über das Thema »Wissenschaft im Raume der Politik«[159] gesprochen. Im Auditorium befand sich, neben anderen Vertretern der örtlichen philosophischen Fakultät, auch der Bochumer Ordinarius für Philosophie Hermann Lübbe, der noch im selben Jahr zusätzlich als Staatssekretär ins Kultusministerium Nordrhein-Westfalens berufen werden sollte.

In einer Atmosphäre, die von der beginnenden Mobilisierung der westdeutschen Studentenbewegung bestimmt war, stellte Hepp in der Tradition seiner aktionistischen Studententage (siehe Kapitel 2.1) »ohne Rücksicht auf Konventionen und Tabus«[160] die herausfordernde Kernthese seines Vortrags gleich an den Anfang desselben: »Ich behaupte: Wissenschaft und Politik sind einander ausschließende Gegensätze. Mit dieser Behauptung will ich provozieren.«[161] Dabei ging es ihm keinesfalls um »die Wissenschaft« schlechthin – was konträr zu seiner Prägung durch Armin Mohler, Vordenker eines »technokratischen Konservatismus«,[162] gestanden hätte –, sondern vornehmlich um jene geisteswissenschaftlichen Fächer, die gesellschaftlich-politischen Wirkanspruch erhoben, also »[t]onangebende Disziplinen wie Sozialwissenschaften, Politologie usw. – Modefächer, die uns die Amerikaner aufgenötigt hätten«.[163] Hepp wähnte darin totalitäre Mechanismen und befürchtete, angesichts einer wachsenden Dominanz dieser Wissenschaften, eine proportional zunehmende politische Immobilisierung des Staates als Institution der »Staatswillensbildung«:[164] »So sei durch die Ermächtigung der Wissenschaften [...] der deutsche Staat konsequent entmachtet worden.«[165] Mit diesem Bekenntnis zu staatlicher Souveränität im Prozeß der politischen Entscheidungsfindung und mit Klagen wie »Die Politik kämpft heute schwer um ihre Autonomie«[166] oder »Wir sind wieder so weit, das Monopol (!) der Politik verteidigen zu müssen«[167] orientierte er sich stark an Carl Schmitts »Begriff des Politischen« in der Frage der Pluralismuskritik.[168] Ein noch stärkerer Zusammenhang bestand aber mit Schmitts *Verfassungslehre*, wie sie der Staatsrechtler Ernst Forsthoff wenig später zu den zeitgenössischen politischen Verhältnissen in Bezug setzen sollte:

> »Man kann die Situation des Parlaments angesichts dessen [gemeint ist das Ausscheiden der (Voraus-)Planung politischer Entscheidungsfindungsprozesse aus der Zuständigkeit des Parlaments; N. W.] wohl am besten dahin kennzeichnen, daß seine Autorität und sei-

ne Kompetenz gegenüber der Planung ins Leere fallen. Denn die Terminologie des indikativen Plans, der nur Daten übermittelt und Empfehlungen ausspricht, stellt ihn außerhalb der parlamentarischen Kompetenz. Die Tatsache aber, daß auf diese Weise wichtige Sozialabläufe ausgelöst und gesteuert werden, läßt den Verlust in der Sache erkennen, den das parlamentarische System damit erlitten hat.«[169]

Vor diesem Hintergrund artikulierte sich in Hepps Hohn über den damaligen Bundeskanzler Ludwig Erhard einerseits, der infolge seiner Wirtschaftsexpertisen in die Politik gekommen war und »ein typisches Beispiel ab[gebe] für die politische Untauglichkeit der Wissenschaft«,[170] sowie über das »ewige [...] Gerede, wie es die Wissenschaftler pflegten«[171] andererseits, der Wille, nötigenfalls auf politischer Ebene »die Souveränität der BRD im Kampf gegen die Intelligenz«[172] durchzusetzen. Hepp hielt ein solches Szenario angesichts der zeitgenössischen Entwicklungen an den westdeutschen Universitäten für nicht unwahrscheinlich, wenngleich er für die hohen Ansprüche der Studenten an ihre progressive Wissenschaftsauffassung nur Spott übrig hatte: »Die Erziehung zu kritischem Denken degradiert mithin zu »fahler Selbstironie«, die uns nur hindere, unser Recht als das einer souveränen Nation wahrzunehmen.«[173]

In der auf den Vortrag folgenden Diskussion war es nach einem ersten Einwand gegen die zugrundeliegende strenge Trennung zwischen wissenschaftlicher und politischer Sphäre durch seinen universitären Assistenten Jürgen Frese denn auch Hermann Lübbe, der – nicht zuletzt durch seine akademische Herkunft aus dem Münsteraner »Collegium

Philosophicum« bzw. der sogenannten »Ritter-Schule«[174] – Hepps argumentative Versatzstücke einzuordnen wußte und ihm in der gleichen Sprache antwortete: »Wäre Wissenschaft organisiert, Kritik institutionalisiert, so könnte sie wohl die vierte Gewalt im Staate sein.«[175] Hierin schwang, wenngleich von Lübbe gemäß seinem Selbstverständnis als »ausgemachter Liberaler«[176] und »linker Schmittianer«[177] deutlich entschärft, ein Diktum Schmitts mit: daß nämlich im konkreten Konfliktfall auch Teilfelder der Gesellschaft in einem Staat als »als Machtkonzentration Gegebenes«[178] – soweit ihre Macht groß genug sei, selbst über den »Ernstfall« entscheiden zu können – »die neue Substanz der politischen Einheit«[179] werden könnten.

Demgegenüber fußte Hepps Synthese aus etatistischem und technokratischem Politikverständnis – wie von Frese richtig erkannt[180] – auf einer Position der Wissenschaften als reine Dienstleister der politischen Sphäre, die notwendigerweise ihre Expertise zur Vorfeldanalyse politischer Entscheidungen beitragen sollten, sich aber jeglicher Wertung und Kommentierung zu enthalten und die letztendliche Entscheidungsfindung allein den durch das Staatsvolk legitimierten Politikern zu überlassen hätten. Bei »Machtwissen« – nach Lübbe »dasjenige, von dessen Besitz andere mittels Macht ausgeschlossen werden könnten«[181] – handelte es sich Hepp zufolge noch immer um ein »Vollblutpolitikern«[182] vorbehaltenes Arkanum, da es zur Zeit keine »politische Sprache« gebe, also der sehr wohl vorhandene und populäre »Begriff des Politischen« nicht mit der Definition Carl Schmitts übereinstimme. Dieselbe Argumentationskette sollte im übrigen auch sein Bruder Robert viel später in einem Vortrag bei der von Armin Mohler geleiteten und als »Carl-Schmitt-Akademie«[183] berüchtigten Carl Friedrich von Siemens-Stiftung – Thema der Tagung war »Der Ernstfall«, und schon in der Vorbereitungsphase sprach man von Schmitt, »der ja unsichtbar hier mit am Tisch«[184] sitze – in München verwenden, um die Beweggründe der bundesrepublikanischen Abkehr von nüchterner Staats- hin zu reiner Sozial- und Absicherungspolitik (eine Erosion des Politischen im Schmittschen Sinne) darzustellen: »Die Demokratie lebt von ›Idealen, die man essen kann‹; und Sozialpolitik stellt solche Ideale bereit. Diese ›Erkenntnisse‹ sind keine arcana imperii, sondern offene Geheimnisse, die im ›sozialen Polizeistaat‹ zum kleinen ABC jedes Politikers gehören.«[185]

In Reaktion auf die Gegenargumente seiner akademischen Kontrahenten tat Marcel Hepp die wissenschaftlichen »Sachverständigen« in der Politik lapidar als käuflich und somit unglaubwürdig ab: »Wir könnten, wenn wir nur wollten, 4000 Professoren für den Notstand finden.« Bald darauf: »Wir haben natürlich auch unsere Pseudo-Wissenschaftler, man verstehe, mit der Zeit zu gehen.«[186] Auf die Nachfrage, wer diese denn seien, konnte Hepp allerdings lediglich Mohler namentlich anführen. Davon unbeirrt »versteifte [er] sich weiter auf ein Irrationales, das in der Politik oft entscheidend sei«,[187] und verbat sich jegliche Einmischung der Wissenschaften in politische Auseinandersetzungen; derartiges Vorgehen stelle eine »Gefahr«[188] dar. Die ganz konkrete Gefahr liege gleichsam in dem Machtfaktor, den ihre aktuelle Unumgehbarkeit darstelle – Politiker, die sich nicht zur Untermauerung ihrer Standpunkte mit Wissenschaftlern einließen, verlören gegenüber der wissenschaftsgläubigen Öffentlichkeit ihre Glaubwürdigkeit.

So weit die offene Diskussion im Anschluß an den Vortrag, die an dieser Stelle durch den Sprecher der gastgebenden Neuen Bochumer Burschenschaft abgebrochen wurde. Im Zuge der folgenden, allgemeinen Aufbruchstimmung trat Lübbe auf Hepp zu und, anstatt sich zu verabschieden, begann eine nachträgliche Aussprache in kleinem Kreise mit ihm, zu der noch einzelne Zuhörer traten. Darin kamen sie – zu allseitiger Überraschung – darin überein, daß das Ressentiment gegenüber der Wissenschaft, ebenso wie das Festhalten an ihr als absoluter Größe, letztendlich auch nur argumentative Frontverläufe im politischen Meinungskampf seien: So stellten Lübbes Antwort »Ich bin für Wahrheit, Gerechtigkeit usw., weil wir in der Opposition sind.«[189] auf die Frage, weswegen er sich für die Wissenschaft engagiere, und Hepps Entgegnung »Das heißt ja: Bürgerkrieg von beiden Seiten.«[190] eine wechselseitige Verständigung darüber dar, in Schmittschen Begriffen zu sprechen – im Gegensatz zur biblisch konnotierten, »babylonische[n]« Sprachverwirrung,[191] die Hepp zuvor beklagt hatte und bei der es sich auch um ein wortwörtliches Carl Schmitt-Zitat handelte,[192] das Lübbe nicht verborgen geblieben sein wird. Nichtsdestoweniger sah sich Lübbe dazu veranlaßt, abzuwiegeln, als Hepp Schmitt namentlich als Beispiel für das spannungsreiche Verhältnis zwischen Wissenschaft und Politik in die Diskussion einzubringen suchte.[193]

Beschlossen wurde der Abend mit einer Auseinandersetzung über den Stellenwert des Grundgesetzes in der politischen Gegenwart und die Souveränität der Bundesrepublik. Hepp bezichtigte die aufkommenden, linken Bewegungen, den Sinn des Grundgesetzes als Basis staatlicher Handlungsfähigkeit durch Herstellung politischer Einheit aushebeln zu wollen, indem sie die darin garantierten Grundrechte gegen den Machtanspruch des Staats ins Feld führten. Forsthoff sollte ihm in diesem Sinne – noch immer entlang Schmittscher Definitionslinien – später sekundieren: »Versteht man unter der Verfassung diejenige Ordnung eines politischen Gemeinwesens, welche die wesentlichen Elemente der organisierten Existenz dieses Gemeinwesens zum Inhalt hat, dann wird man an der Feststellung nicht vorbeikommen, daß das Grundgesetz dieser Beschreibung nicht entspricht. Diese Feststellung gilt unabhängig davon, welche Auslegungsmethode man befolgt.«[194] Auf der anderen Seite war Hepp dabei jedoch kaum am Grundgesetz selbst gelegen, das für ihn die Verrechtlichung der staatlichen Unfreiheit verkörperte: »Das GG besiegelt die Souveränitätslosigkeit des deutschen Volkes. Unter uns: Das GG ist das zweite Versailles. Es nagelt uns fest, verhindert unsere Souveränität.«[195]

Nachdem die nationale Souveränität einmal angesprochen worden war, fuhr Hepp damit fort, die »gaullistische« Politik Strauß', Mohlers und seiner selbst als einzigen politischen Weg aus dem Zwangsbündnis mit den USA heraus aufzubauen (»Gott sei Dank nimmt uns de Gaulle bisher noch unsere ganze Politik ab. Er ist der einzige, der im Augenblick deutsche Politik macht.«[196]) – was, ihm zufolge, im Verbund mit einer Nuklearbewaffnung der Bundeswehr der einzige Weg zur deutschen Einheit sei, da sich die USA längst mit der Blockaufteilung der Welt arrangiert hätten:

»Wir müssen von den USA unabhängig werden, sonst bleiben wir 200 Jahre geteilt.«[197] Für diese Chance war Hepp auch das mögliche Risiko einer innereuropäischen Machtübernahme durch die Franzosen, das Frese spöttisch anmahnte, kein zu hoher Preis. Abschließend bekannte er, in jedem Fall zu keiner Kompromißlösung bereit zu sein: »Dann bleibt uns nur eine Besserung des Lebensstandards; und dafür die fremden Kastanien …«,[198] die aus dem sprichwörtlichen Feuer zu holen seien. Dem lag zugrunde, daß sich der »atlantisch« ausgerichtete Verteidigungsminister Schröder, ein maßgeblicher Kontrahent der CSU und damit auch Hepps (siehe Kapitel 2.1), bereits im Frühjahr 1966 für eine Entsendung von Bundeswehrsoldaten nach Südvietnam ausgesprochen hatte – im November desselben Jahres sollte das Pentagon den militärischen Beistand der Bundesrepublik dann tatsächlich einfordern, dem aber nicht entsprochen wurde.

Insgesamt betrachtet stellt der Bericht über Marcel Hepps Vortrag und die anschließende Diskussion in Bochum eine treffliche, bündige Darstellung seines stark an Carl Schmitt orientierten und durch Armin Mohler als Vordenker eines »technokratischen Konservatismus« und »deutschen Gaullismus« modifizierten Politikverständnisses dar. Dies allerdings nur unter der quellenkritischen Voraussetzung, einerseits die im *Ruhr-Reflexe*-Artikel geschilderten Abläufe und Gesprächsinhalte als wahrheitsgemäß anzusehen, und andererseits die in die Diskussionen eingestreuten Einwürfe der beim Vortrag anwesenden und sich selbst als »führende […] Menschheit«[199] bezeichnenden Autoren (»die Strauß-Kumpanei strebe etwas dem gestürzten Faschismus mindestens Verwandtes an, jedoch verbrämt unter einer unverbrauchteren Sprache«.[200] Hepp: »Jaspers ist apokalyptisch!« Huebner: »Nicht so wie Sie!«[201] Und Huebner ereiferte sich ein wenig, als er Hepp die Formel anbot: »Sie sehen in der Wissenschaft eine Gefahr, weil Sie die Gefahr s i n d ! (vice versa).«[202] »Jemand in der Runde [sic!] hielt die von Hepp vorgeschlagene Politik der Expansion für nazistisch«,[203] sowie ihre tendenziösen Nachbemerkungen zu Zitaten (»n'est pas nazi qui veut«),[204] »(Apropos: auch Hitler hatte ja dereinst Erfolg mit der Behauptung, Deutschland werde wehrlos von den andern ausgebeutet. Damals war fatal: er hatte Plausibilität für sich.)«,[205] »[…] haben wir es etwa mit einer Art »sprachlosen Faschismus« zu tun (der gleichwohl mit dem historischen, schon dem Vokabular nach, nicht verwechselt sein möchte)?«[206] als Vertreter einer zeitgemäß tendenziell eher linksgerichteten Studentenschaft außenvor zu lassen.

Dies angenommen, finden sich in Hepps Vortrags- und Diskussionsinhalten alle wesentlichen Merkmale seines politischen Wirkens wieder: Das »deutsche Primat« – Wiedervereinigung und nationale Souveränität – ist ebenso vorhanden wie die CSU-Themen atomare Bewaffnung, »deutscher Gaullismus« und »technokratischer Konservatismus«. So kann der Bericht über den »Wissenschaft im Raume der Politik«-Vortrag als kompakter Überblick über den CSU-Funktionär Marcel Hepp gelten – dessen Unverblümtheit noch für einigen Aufruhr in der Münchener Parteileitung sorgen sollte (siehe Kapitel 2.1). Davon ganz abgesehen, ist es bemerkenswert, wie schnell sich zwei an Carl Schmitt geschulte Intellektuelle, in diesem Fall Hepp und Lübbe (der sich für die SPD engagierte[207]) auf einen argumentativen »kleinsten gemeinsamen Nenner« einigen konnten – trotz diametral entgegengesetzter politischer Ausrichtungen.

2.3.2 Schrift »Der Atomsperrvertrag«

Marcel Hepps »vehemente Kampfschrift«[208] gegen den »Non-Proliferation Treaty« (NPT), »Nichtverbreitungsvertrag« oder »Atomwaffensperrvertrag« (dessen Entwurfswortlaut vom 1. Juli 1968 dem Buch angehängt war) erschien 1968 im Seewald-Verlag, der sich zu dieser Zeit bereits »zu einem der wichtigsten konservativen Häuser«[209] mit Veröffentlichungen etlicher Schmitt-Schüler – wie der Publizisten Johannes Gross und Rüdiger Altmann – und anderer Vertreter der bundesrepublikanischen Rechten – wie des »Kalten Kriegers« William S. Schlamm und des Journalisten Hans Georg von Studnitz – entwickelt hatte.[210] Sie sollte zu diesem Thema bald als »schärfste Polemik [...] aus »gaullistischer« Perspektive«[211] gelten und hätte laut Mohler bei einem älteren Verfasser mit möglicher NS-Vergangenheit drastische Konsequenzen nach sich gezogen: »[S]ein Buch gegen den Atomsperrvertrag konnte nur von jemandem geschrieben werden, der schon generationsmäßig von allen Belastungen frei ist.«[212]

Bereits der Titel verriet die Hauptstoßrichtung des ganzen Buchs. Die Bezeichnung des NPT als »Atomsperrvertrag« vermochte sich bundesweit zu einem guten Teil durchzusetzen, weil Hepp und Franz Josef Strauß[213] sie zu ihrem rhetorischen Kennzeichen gemacht hatten. Der Hintersinn bei dieser regelrechten Umwidmung des Vertragstitels war die – nach dem Bekanntwerden der Artikel I und II des NPT im Februar 1967[214] aufgekommene – Befürchtung, das Abkommen wolle nicht nur die Weiterverbreitung nuklearer Waffen, sondern gleichsam die gesamte (auch friedliche) Nutzung der Atomenergie verbieten oder doch zumindest strengster internationaler Kontrolle unterwerfen. Bei Erscheinen des Buchs war der Name Marcel Hepp bereits seit einiger Zeit »eng verbunden mit der Kampagne des *Bayernkuriers* gegen den Atomwaffensperrvertrag«,[215] und »bis zum Wahltag am 28.9.1969 wurden allein 26 Beiträge Hepps in Leitartikeln [des *Bayernkurier*; N.W.] gezählt, die sich nahezu ausschließlich mit dem Atomwaffensperrvertrag befaßten.«[216]

Im Jahre 1968, zum Erscheinen des Hepp-Buchs, hatte der NPT bereits umfänglich den Deutschen Bundestag beschäftigt[217] und sollte dies auch noch darüber hinaus tun. Die Publikation stellte einen Versuch dar, der kontrovers geführten NPT-Debatte in einer stark polarisierten »bundesdeutsche[n] Öffentlichkeit und Politik«[218] den entscheidenden Stoß zu geben, um die klar umrissenen, langfristigen Ziele der »Gaullisten« um Strauß durchzusetzen:

»Erstens wollte man eine europäische Atomwaffenoption bei einem Zusammenschluß der EWG-Staaten offen halten. Zweitens wollte man weiterhin ungehindert am zivilen atomaren Fortschritt partizipieren, schließlich galt die Atomkraft damals lagerübergreifend als entscheidende Zukunftstechnologie. Drittens wollte man vor Erpressungsversuchen der Atommächte, allen voran der Sowjetunion, die explizit an den UN-Feindstaatenklauseln festhielt, geschützt sein, und viertens sollte das Proliferationsverbot von einer allgemeinen Abrüstung, gerade der Atommächte, begleitet werden.«[219]

Um die beabsichtigte, diskussionsbestimmende Wirkung entfalten zu können, war das schmale Buch in einem bewußt polemischen Ton verfaßt, wobei sich oft Hepps juristische Fachsprache in sachlicher Auseinandersetzung mit der NPT-Problematik und die rhetorischen Zuspitzungen seiner journalistischen Parteiarbeit ineinandermischten, »da es primär darum geht, die Crux des Vertrages anhand drastischer und spektakulärer Beispiele darzutun«[220] – so beispielsweise, wenn er die nuklearen Supermächte und Hauptakteure des »Nichtverbreitungsvertrags«, USA und Sowjetunion, in gewiß gewollter, »vorbelasteter« Wortwahl als »die beiden Weltverschwörer«[221] bezeichnete, die vermittels des scheinbar friedensstiftend intendierten NPT in Wahrheit nichts anderes bezweckten, als ihr gemeinsames Atomwaffenmonopol zu zementieren, das »Symbol, Machtinstrument und Garant dieser Hemisphären-Hegemonie«[222] sei.

Zu Beginn des Werks war Hepp insbesondere daran gelegen, den Eindruck zu zerstreuen, durch die bisherige, wankelmütige Haltung der Bundesrepublik dem Vertrag gegenüber hätten im in der Zwischenzeit vorgestellten, endgültigen Vertragsentwurf »aus deutscher Sicht einige Verbesserungen durchgesetzt werden«[223] können. Vielmehr bedürfe es »eines geschulten und skeptischen Blicks, um hinter dem so juridisch-harmlos formulierten Text [...] die gefährlichen Klippen und Untiefen zu erkennen«.[224] Um nicht vom NPT getäuscht zu werden, müsse man faktisch von der geopolitischen Böswilligkeit der Supermächte ausgehen, sich »mit einem kompromißlosen allgemeinen Ideologieverdacht«[225] wappnen, um die nur scheinbar versöhnlich formulierte Vertragspräambel außer Acht lassen zu können und im eigentlichen Vertragstext dann »sogar die klassischen Merkmale eines Unterwerfungsvertrags: einseitiges Mißtrauen und Interventionsmöglichkeiten«[226] herauszulesen.

In der Tat sei der »Genfer Knebel«[227] direkt darauf ausgerichtet, die Bundesrepublik »als sogenannte Schwellenmacht«[228] gezielt zu diskriminieren. »Das Gespenst der Diffamierung spuckt [sic!] dort noch einmal durch den Text, wo von Änderungen des Vertrags die Rede ist«:[229] Durch seine »Ewigkeitsklausel« verunmögliche das Vertragswerk außerdem jedwede Reaktion auf plötzliche Umschwünge der geopolitischen Lage oder sonstige Veränderungen innerhalb der Unterzeichnerstaaten. Indem er versuche, die komplizierten Verhältnisse der Staaten untereinander und ihre jeweiligen wissenschaftlichen, militärischen und politischen Entwicklungen komplett zu umspannen, könne der NPT nur mit weitgefaßten »Generalklauseln« agieren, die der studierte Jurist Hepp rundheraus ablehnte: »Solche Generalklauseln sind wegen der durch sie drohenden Rechtsunsicherheit auch im Privatrecht verpönt.«[230]

Grundlegend für Hepps furiose Kritik am NPT war vor allem sein »gaullistisch« motiviertes Bangen um die staatliche Souveränität der Bundesrepublik[231] (und letztendlich auch die deutsche Einheit[232]), für die er bereits 1966 eine atomare Bewaffnung der Bundeswehr als essentiell bezeichnet hatte (siehe Kapitel 2.3.1). Sie sah er durch den NPT dauerhaft aufgegeben, der »im Falle eines Konflikts das europäische Schicksal einem gemeinsamen amerikanisch-russischen Krisenmanagement«[233] überantworte. Einzig mögliche Konsequenz aus diesem Dilemma sei jedoch nicht allein die westdeutsche Nichtunterzeichnung des NPT, sondern darüber hinaus eine zu steigernde Einflußnahme auf die USA, um ihnen eine dem Status der Bundesrepublik in Europa entsprechende Außenpolitik abzutrotzen. Als Druckmittel verwies Hepp auf eine mögliche Kontaktaufnahme zu wirtschaftlich-politischen Konkurrenten der USA, vor allem der Volksrepublik China – eine außenpolitische Konzeption, die aus seinen Beratungen mit Armin Mohler stammte.[234] In jedem Fall sei es den Deutschen möglich, ihrem transatlantischen Verbündeten die »Selbständigkeit zwischen den Blöcken«[235] abzuringen, beschloß Hepp seine Philippika, denn:

> »Schlechterdings undenkbar ist es, daß die USA ihren getreuesten Verbündeten in Europa wegen der Genf-Ambitionen im Stich lassen werden, wenn dieser heftige Einwände erhebt. Sie spekulieren eher auf unsere Musterschülertugenden. Der Schüler von einst ist aber inzwischen volljährig geworden. Er hat entdeckt, daß manches, was den Amerikanern nützt, ihm selbst Schaden bringen kann.«[236]

Marcel Hepp sollte mit seinem provokativen Buch kein Erfolg beschieden sein; die erhitzte Debatte zog sich lediglich noch etwas länger hin. Am 28. November 1969 trat die Bundesrepublik dem »Atomsperrvertrag« bei, und »[d]er Streit um den NPT wurde in der deutschen Öffentlichkeit nun überspielt durch die neue große, hart geführte Kontroverse um die ›Neue Ostpolitik‹«.[237] Rückblickend wurde Hepps Monographie von Kritikern als »Rückgriff auf die ›Konservative Revolution‹ der Weimarer Republik«[238] bezeichnet und »hybrider Selbstüberschätzung der deutschen Möglichkeiten«[239] geziehen; diese Stimmen bezogen sich jedoch beinahe ausschließlich auf seine zugespitzten und polemischen Formulierungen, nicht aber auf den eigentlichen Inhalt des Buchs, denn: »Die Bande zu den USA hätten angesichts der stabilen Bevölkerungsoption für die deutsch-amerikanische Freundschaft von den Gaullisten kaum gekappt werden können, auch wenn sie es gewollt hätten.«[240]

Anerkennung erhielt Hepp posthum ausgerechnet vom seinerzeitigen NPD-Vorsitzenden Adolf von Thadden, der ihn als »hervorragendste[n] Wortführer«[241] des CSU-Widerstands gegen den »Atomsperrvertrag« bezeichnete. Es darf gerade angesichts dessen jedoch bezweifelt werden, daß Thadden die politische Gesamtkonzeption des »genialischen«[242] Strategen Hepp durchschaut hatte; so war es doch ein ausdrücklich angestrebter Nebeneffekt der Heppschen Agitation gegen den NPT, der seinerzeit aufstrebenden NPD im anstehenden Bundestagswahlkampf Wählerstimmen abspenstig zu machen: »Durch die Opposition der CSU gegen den NPT wie auch gegen die Anerkennung der Oder-Neiße-Linie hatte die NPD, in deren Wählerschaft die Ablehnung des NPT am höchsten war, dann im Bundestagswahlkampf 1969 kein aktuelles außenpolitisches Alleinstellungsmerkmal mehr.«[243]

Marcel Hepps Buch, das Plädoyer für eine ausschließ-

lich an gesamtdeutschen Interessen ausgerichtete Außenpolitik, kann als ein Ausdruck seiner im Dienste Strauß' ge-
festigten, »deutsch-gaullistischen« Anschauung aufgefaßt
werden. Es vermittelt einen direkten Einblick sowohl in
den analytischen Verstand Hepps, wie auch in seinen Hang
zu aggressiver Polemik und Herabwürdigungen des politischen Gegners. Armin Mohler fand (unter anderem) darin
»ein natürliches Ineinandergehen von konservativen und
nationalen Impulsen, als habe es nie die traumatischen Er-
lebnisse von 1945 gegeben«;[244] soweit damit der politische
Wille zur Selbstbehauptung und eine gewisse Kompromiß-
losigkeit gemeint waren, ist ihm hierin beizupflichten.

3

Robert Hepp – der »Haltungs-Schmittianer«

3.1 BIOGRAPHISCHES

Robert Hepp wurde am 19. Februar 1938 in Langenenslingen als zweites Kind der Familie geboren;[245] ihm sollte noch eine Schwester, Maria, nachfolgen[246] (zu weiteren Angaben zur Familie Hepp siehe Kapitel 2.1). Sein Vater, Anton Hepp, war »am Morgen nach dem Attentat des 20. Juli 1944 auf dem Weg zu seiner Arbeitsstätte [...] bei der Ankunft in der Firma verhaftet worden, weil er unterwegs einem Arbeitskollegen ungefähr sagte: ›Jetzt hätte es ihn (selbstverständlich war Hitler damit gemeint) ja fast erwischt.‹ Anton Hepp schob bei dieser Gelegenheit das Fahrrad zu Fuß einen steilen Berg hinauf, sein Kollege hatte ein Moped und war früher in der Firma. Als Anton Hepp ankam, wurde er sofort verhaftet. Den unablässigen Bemühungen seiner Frau Thekla [...] ist es gelungen, eine Einlieferung in ein KZ zu verhindern.«[247] Nach dem Besuch der Volksschule in Langenenslingen und des Gymnasiums in Riedlingen legte er im März 1957 die Reifeprüfung ab, um sich im Anschluß zum Sommersemester desselben Jahres an der Universität Tübingen für Geschichte und Philosophie einzuschreiben248.

Das Wintersemester 1958/59 nutzte Hepp für ein Auslandssemester in der französischen Hauptstadt. Dort besuchte er – auch noch in der Folgezeit – mehrfach Armin

Mohler,[249] der sich von 1953 bis 1961 als Korrespondent der schweizerischen Tageszeitung *Die Tat*, von 1955 bis 1960 auch der *Zeit*, in Paris aufhielt[250] und privat »Kontakte zur dortigen extremen Rechten knüpfte«.[251] Hintergrund der Kontaktaufnahme wird gewesen sein, daß auch Robert Hepp bereits zu Schulzeiten Mohlers *Konservative Revolution* gelesen hatte[252] und den Schweizer über seinen älteren Bruder Marcel als ehemaligen Privatsekretär Ernst Jüngers in Wilflingen kannte.[253] Im Rahmen dieser Zusammenkünfte war es Mohler, der Hepp für »völkerpsychologisch[e]«[254] Themen zu interessieren begann und »in das Reich der »zweiten Natur«[255] (gemeint ist die Kultur[256]) sowie in das Milieu um Carl Schmitt einführte. Der initiatorische Charakter der Treffen mit Armin Mohler hatte wesentlichen Anteil an Hepps späterer Entscheidung zugunsten einer akademischen Laufbahn und seiner Karriere als Professor der Soziologie. Ohne Mohlers Einflußnahme wäre Robert Hepp nach eigener, wenngleich satirischer Aussage »vermutlich Vikar in Savoyen geworden«.[257]

Maßgeblich von Schmitt und Mohler inspiriert, gründete Robert Hepp – aus Paris nach Tübingen zurückgekehrt – 1959 gemeinsam mit seinem Bruder an der Universität die aktionistische Studentengruppe »Katholische Front« (für näheres siehe Kapitel 2.1). Nachdem diese noch im selben Jahr »auf Intervention des Klerus«[258] in »Konservative Front« umbenannt werden mußte, überlegten die Hepps sarkastisch, unter welchen Bedingungen es möglich sei, guten Gewissens als Protestaktion das ehemalige Benediktinerkloster »Zwiefalten in die Luft zu jagen«.[259] Infolge einer der provokativen Aktionen der »Konservativen Front«

wurde Robert Hepp Anfang der sechziger Jahre angeblich »nach einem Eklat im Oberseminar von Theodor Eschenburg der Universität Tübingen verwiesen«[260] und schrieb sich zur Fortsetzung seines Studiums in Erlangen[261] ein, wohin ihm alsbald sein Bruder folgte und sie gemeinsam die »Front« weiterführten. Neues Ziel ihres Aktionismus wurde unter anderem der ebenfalls aus Tübingen nach Erlangen gekommene Professor für politische Wissenschaften Waldemar Besson:

>»Die Hepps machten sich damals ein Vergnügen daraus, ihre wissenschaftliche und argumentative Überlegenheit über B. & T. [gemeint sind Besson und sein damaliger wissenschaftlicher Assistent Kurt P. Tudyka; N. W.] exerziermäßig vorzuführen und den beiden typischen Repräsentanten der BRD-Politologie so lange und stets demonstrativ-peinlich den Teppich unter den Füßen wegzuziehen, bis sie von Besson in einer Art Notwehrakt aus dem Seminar geworfen wurden. Besson entblödete sich damals nicht, als letztes ›Argument‹ gegen die ›infernalischen Brüder‹ das Verdikt zu schleudern: ›Für Faschisten ist an dieser Universität kein Platz!‹«[262]

In Erlangen blieb Robert Hepp »bis zum Sommersemester 1962 immatrikuliert und beschäftigte [s]ich im Hauptfach mit Religions- und Geistesgeschichte«,[263] »vorwiegend in Seminaren von Hans Joachim Schoeps«,[264] dem dezidiert nationalkonservativ eingestellten, deutsch-jüdischen Erlanger Ordinarius dieses Fachbereichs. Im selben Jahr verfaßte er einen umfangreichen Leserbrief zur damals aktuellen Konservatismusdebatte in der Kulturzeitschrift *Der Mo-*

nat,[265] in dem er (ausgehend von Mohlers Standpunkt, eine Diskussion über den »konservativen Charakter« lasse sich »nicht sinnvoll führen, wenn die sogenannten ›Konservativen‹« das eigentliche Ziel verfehlten: die Deutschen wieder in einen ›politisch aktionsfähigen Körper‹ zu überführen«[266]) im aggressiv-provokativen Stil der »Konservativen Front« so weit ging, zugunsten einer »neuen Rechten« den Ausgangsbegriff »konservativ« zu verwerfen, und seine Generalkritik an der Gegenwartssituation des Konservatismus auf die – rhetorische – Frage zuspitzte: »Gibt es eigentlich noch eine breitspurigere und ausrangiertere Kategorie als dieses Wörtchen ›konservativ‹?«[267] (siehe Kapitel 3.3.1).

Nach dem Ende seiner Erlanger Studienzeit trat Robert Hepp für den Rest der sechziger Jahre nicht mehr politisch oder publizistisch an die Öffentlichkeit, sondern begann eine religionsgeschichtliche Dissertation bei Schoeps und konzentrierte sich auf seine akademische Karriere.[268] Er besuchte allerdings gemeinsam mit seinem Bruder jenes von Armin Mohler und Caspar von Schrenck-Notzing ausgerichtete, konspirativ angehauchte »Ammerländer Gespräch« bundesrepublikanischer Rechtsintellektueller am 31. Mai 1963, auf dem unter dem Eindruck einer notwendigen Neuorientierung politischer Zielvorstellungen etatistische und »gaullistische« Gedankengänge erörtert wurden[269] und die Gebrüder Hepp als »sehr ungezogen«[270] auffielen. Auch nahm er an der 15. deutschen Soziologentagung in Heidelberg vom 28. bis 30. April 1964 teil, unter deren Eindruck er zu Pfingsten desselben Jahres eine sarkastische Hommage an Carl Schmitt im Stile des frühneuzeitlichen Bänkelsangs verfaßte, die Schmitt begeistert zur

Kenntnis nahm[271] und in seinem engeren Korrespondenz-
kreis weiterverbreitete:[272]

»MORITAT vom ATTENTAT aufs KRITERIUM

Arndt Adolf brachte es um!
Zubehör: Mannshohe Fotos von Talcott Parsons, Raymond
Aron, Herbert Marcuse und Adolf Arndt, im Hintergrund
Köpfe von Jürgen Habermas usw.
Musik: à la Weill – Instrumente der Heilsarmee

BÄNKELSÄNGER: In Heidelberg stritten
                 Drei Philosemiten
                 Wer Max Weber war.
                 War er Faschismus,
                 Positivismus,
                 Habermus, Grießmus,
                 Star oder Zar?

                 Da sagte der Vierte,
                 Der sich nicht genierte:
                 »Jeder ist Weber;
                 Ihr seid es Selbdritt
                 Strebende Schweber!«

                 Wir hielten nicht Schritt?
                 Drum baten wir dumm
                 Ums Kriterium:
                 Wieso und warum?

Da zog er vom Leder:
Max Weber sei jeder,
Er sei denn Carl Schmitt.
Und da – *(Pauke)*
    Endlich – *(Pauke)*
    kamen wir mit!

CHOR (flehend):   Schmitt, bleibe bei uns,
einziger Mann!
Was fingen wir ohne
Kriterium an?

Erlangen, Pfingsten 1964   R. H.«[273]

Angesichts des engen Kontaktes zwischen Hepp und Carl Schmitt (siehe Kapitel 3.2) erscheint es nur folgerichtig, daß Schmitt sich des öfteren bei Mohler über den Fortschritt von Hepps Dissertation zu informieren suchte;[274] erst recht deshalb, weil das Thema ganz offensichtlich eng an Schmitts eigenem religionsgeschichtlichen und -philosophischen Werk[275] orientiert zu sein schien. Da Mohler sich nicht weiter dazu äußerte, wandte Schmitt sich nach Erscheinen eines archivalischen Teilabdrucks schließlich an den Publizisten und »nationalen Dissidenten« Hans-Dietrich Sander,[277] ebenfalls ehemaliger Doktorand in Religionsgeschichte bei Schoeps, der die Arbeit aus Erlangen beschaffen konnte und sich mit Schmitt kritisch darüber verständigte.[278]

Hepp, der seit dem 1. Januar 1966 (bis 1968, wiederum von 1971 bis 1977[279]) eine Stelle als »Verwalter der Dienstgeschäfte eines wissenschaftlichen Assistenten am Soziologischen Institut der Universität des Saarlandes«[280] innehatte, legte seine Dissertation *Politische Theologie und theologische Politik*[281] (siehe Kapitel 3.3.2) 1967 vor. Die mündliche Verteidigung fand am 15. Dezember desselben Jahres statt;[282] eine unter Schmitt-Schülern bekannte Anekdote besagte, er habe sich »im Rigorosum auf eine unangenehme Frage mit einem gerade erschienenen Buch heraus[geredet], das er in diesem Moment erfand«,[283] was ihm – neben seiner »Tendenz zur Zuspitzung«[284] – endgültig den Ruf einbrachte, »schlagfertig und kaltschnäuzig«[285] zu sein. Hepp selbst bezeichnete diese angebliche »Leistung« später allerdings als »eine der vielen frei ausgeschmückten Anekdoten [...], mit denen der große Mythologe Armin Mohler das matte Image seiner Freunde aufzupolieren pflegte«.[286]

Charakteristisch für Robert Hepp war bereits Ende der sechziger Jahre sein Hang zur »Dogmatisierung des Schmittschen Politikbegriffs«;[287] dieser allerdings – gemäß Hepps Profession – angepaßt auf die bundesrepublikanische Realität und damit vornehmlich auf einen »sozialen Polizeistaat«,[288] in dem Staat und Gesellschaft nicht mehr voneinander zu trennen seien[289] und die Verfassung so ihrer Normativität enthoben würde: »Die Verfassung hat ihren Rang als Ausdruck der Form der politischen Existenz des Volkes durch die geschilderten Umstände weitgehend verloren. Die Autonomie der Verfassung baut sich im Zuge des technischen Prozesses unaufhaltsam ab. Die das soziale Ganze bewegenden und verändernden Kräfte sind nicht mehr in die Verfassung eingebunden, sondern innerhalb wie außerhalb ihrer wirksam.«[290] Für Hepp war die Etablierung des »Sozialstaats« lediglich ein Versuch der Parteipolitik, die Gesellschaft vermittels finanzieller Zuwendungen ruhigzustellen, um der Frage des »Ernstfalls« auszuweichen – was, nach Carl Schmitts Diktum »Souverän ist, wer über den Ausnahmezustand entscheidet«,[291] gleichbedeutend mit einem absichtlichen Ausscheiden aus der Sphäre des Politischen wäre: »In einer Gesellschaft vom Typ der Bundesrepublik ist kaum auszumachen, wo die Reizschwelle liegen könnte, die den Point d'honneur des Systems markiert. Daß »Gewalt kein Mittel der Politik« sein dürfte, scheint jedenfalls zum Credo dieses Staates zu gehören. Und ein solcher Glaubenssatz lebt von der Hoffnung, daß der Ernstfall vermeidbar sei.«[292]

Ungeachtet dessen, daß Robert Hepp »erst nach dem Tod seines genialischen Bruders zu eigener Produktion erwacht[e]«,[293] lassen sich die Grundlagen seines späteren Wirkens als – mit einem Terminus Dirk van Laaks – orthodoxer »Haltungs-Schmittianer«, »dessen Bereitschaft zu »Entschiedenheit« sich im Verfolg nationaler »Identität« Ausdruck sucht, der sich im Gestus des Tabubrechers gefällt, unangenehme Wahrheiten äußert und sich potentiell zum Märtyrer der Wahrnehmung der vermeintlichen bitteren Realität berufen fühlt«,[294] somit entlang seines Lebenswegs von Beginn seiner akademischen Laufbahn an nachverfolgen. Dieser Anspruch an sich selbst sollte in den achtziger Jahren in Hepps Mitwirken am kurzlebigen, von Armin Mohler initiierten, rechtsintellektuellen »Deutschlandrat«[295] sowie in seiner Philippika *Die Endlösung der deutschen Frage* – in der er »die Grundzüge einer »politischen Demographie« für Deutsche mit dem Ziel, die absehbar katastrophalen Folgen des Geburtendefizits und der verstärkten Einwanderung zu thematisieren«,[296] »mit erbarmungsloser Schärfe«[297] thematisierte und die ihm den Vorwurf eines »völkischen Nationalismus«[298] einbrachte – gipfeln, ehe er sich »seit den neunziger Jahren mehr oder weniger skeptisch aus der aktiven Teilnahme an den Debatten zurück[zog]«[299] und seither nur noch sehr sporadisch als Autor und Leserbriefschreiber in Erscheinung trat. Seinen bislang letzten Auftritt als Redner hatte er auf dem »Staatspolitischen Kongreß« des neurechten »Instituts für Staatspolitik« im Jahre 2010, wo er sich mit den seinerzeit aktuellen demographischen Thesen des umstrittenen SPD-Politikers Thilo Sarrazin auseinandersetzte.[300]

3.2 *SPIRITUS RECTOR* CARL SCHMITT

Robert Hepp war anfangs, ebenso wie sein älterer Bruder Marcel, aufgrund ihrer gemeinsamen Prägung durch die *Konservative Revolution* mit Armin Mohler verbunden. Aus dessen Korrespondentenzeit in Frankreich sind mehrere Besuche,[301] so etwa am 5. September 1961,[302] überliefert, die der Student Hepp dem Publizisten Mohler im Laufe seines Auslandssemesters an der Pariser Sorbonne[303] und in der Folgezeit abstattete. Der Schweizer, nach Hepps eigener Aussage sein »Lesemeister«,[304] unternahm mit ihm Reisen, weckte sein Interesse an soziologischen Fragestellungen[305] und stellte ihm spätere Wegbegleiter wie Piet Tommissen[306] vor.

Ungleich wichtiger für Robert Hepps politische Weiterentwicklung wurde Mohler jedoch dadurch, daß er »ihn in den Kreis Carl Schmitts einführte«.[307] Nach Deutschland zurückgekehrt, schlug sich seine Orientierung an Schmitts *Begriff des Politischen* und der Schmittschen Definition von Souveränität sowohl in den aufsehenerregenden Flugblättern der »Katholischen« und »Konservativen Front« nieder, wie auch in der Art und Weise, auf die er gemeinsam mit seinem Bruder und anderen Gleichgesinnten in universitären Veranstaltungen Wort und Deutungshoheit beanspruchte. Faktisch erklärten sich die aktionistischen »Front«-Studenten bei ihren Go-ins selbst souverän, indem sie über einen Ausnahmezustand entschieden, den sie selbst herbeigeführt hatten. Wenig verwunderlich, daß diese Formen des politischen Meinungskampfes die Aufmerksamkeit Carl Schmitts in Plettenberg erregten, nachdem diesen die Kunde von den Vorgängen in Tübingen durch sein weitverzweigtes Kontaktnetz erreicht hatte.

Mohler, der mit beiden Hepps – die einen Teil seiner »ersten ›Schülergeneration‹«[308] bildeten – in Kontakt geblieben war, vermittelte zwischen ihnen und Schmitt; dieser zeigte sich nach anfänglichen Vorbehalten wohlwollend interessiert am Wirken der Brüder. Der Kontakt belebte sich durch die Teilnahme der Hepps an den Seminaren der Schmitt-Schüler in Davos und Ebrach;[309] bald verkehrte Robert Hepp auch postalisch mit Schmitt.[310] Von seiner fortgesetzten und eingehenderen Beschäftigung mit Schmitts Politikbegriff zeugte insbesondere jener furiose Leserbrief, den der 24jährige Student Hepp 1962 zur Konservatismusdebatte des *Monat* verfaßte (siehe Kapitel 3.3.1).

Auch nach Abschluß seines Studiums der Religions- und Geistesgeschichte im Herbst 1962 blieb Hepp Carl Schmitt eng verbunden. Nach seiner Teilnahme an der 15. deutschen Soziologentagung verfaßte er ein sarkastisches Gedicht über den Zustand der bundesrepublikanischen Sozialwissenschaften – das sich dezidiert und unmittelbar an Schmitt anlehnte (siehe Kapitel 3.1) – und übersandte es ihm, was der so Geehrte freudig zur Kenntnis nahm und eifrig weiterverbreitete.[311] Etwa zur gleichen Zeit nahmen Hepps Dissertationspläne Gestalt an, und es war ob der offensichtlichen Anlehnung der Arbeit an das Werk *Politische Theologie* auch zu allererst Carl Schmitt, an den Hepp sich mit Fragen zum Thema wandte. Schmitt jedoch war wenig begeistert davon, daß Robert Hepp sich derart auf ihn zu berufen gedachte, und antwortete mit der Gegenfrage: »Was wollen Sie mit solchen Fragen? Das Ergebnis steht doch fest und gehängt wird doch!«[312] Robert Hepp entgegnete mit der für ihn charakteristischen,[313] spöttischen Note: »Sie *sind* ja längst gehängt!«[314]

In der Folge sollte sich Schmitt dann jedoch zunehmend interessierter an Hepps Dissertation zeigen; mit einigem Unmut erfüllte ihn der Umstand, daß dieser sich mit fortschreitendem Arbeitsaufwand immer mehr zurückzog, was Schmitt zwang, anderswo – nämlich bei Mohler – Erkundigungen einzuholen.[315] Mohler aber hatte in der Zwischenzeit beschlossen, seine Aufmerksamkeit vorrangig Marcel Hepp, dem »*vernünftigeren der beiden Brüder*«,[316] zu widmen, da ihm dessen politischer Werdegang nach dem begonnenen Arbeitsverhältnis bei Strauß vielversprechender erschien: »*Robert hingegen sitzt in Langenenslingen und wütet immer noch in seiner endlosen Dissertation über die politische Theologie rum.*«[317] In dieser Entwicklung wird auch die Begründung dafür gelegen haben, daß Schmitt mehrmals, offenbar erfolglos, um Informationen über Hepps Arbeitsfortschritt bat. Mohler benachrichtigte ihn nur über dessen letztendliche Erlangung der Doktorwürde.[318]

Von den näheren Umständen der letztlich erfolgreichen Promotion Robert Hepps sollte Carl Schmitt denn auch erst spät und über Dritte – konkret: Hans-Dietrich Sander[318] – in Kenntnis gesetzt werden. Über Sander, der ebenso wie Hepp in Erlangen bei Hans-Joachim Schoeps promovierte, versuchte Schmitt in der Folge, an den halboffiziellen Teilabdruck der Heppschen Arbeit zu gelangen.[319] Dieses Unterfangen gelang jedoch erst über zwei Jahre nach Hepps Rigorosum[320] und führte zu einer brieflichen, kritischen Auseinandersetzung beider über den Inhalt der Dissertation.[321] Eine Erneuerung des Austauschs zwischen Hepp und Schmitt scheint auch in der Folgezeit nicht stattgefunden zu haben; so erklärte Schmitt gegen Ende 1971 auf Nachfrage Sanders': »Von Robert Hepp habe ich seit einem Jahr nichts mehr gehört.«[322]

Zwar war der Kontakt zwischen Robert Hepp und Carl Schmitt bis zum Tod Schmitts 1985 nicht so intensiv wie beispielsweise der Schmitts zu Mohler; dennoch muß Schmitt allein über seine Schriften – allen voran *Politische Theologie* und *Der Begriff des Politischen* – als maßgeblicher Lehrer und Vordenker Hepps gelten. Der enorme Eindruck, den Schmitts staatstheoretisches Werk auf den Studenten und jungen Akademiker Hepp machte, sollte sich später vor allem in Hepps Werken zum »Ernstfall« in bezug auf »Sozialstaat«[323] und »Polizeistaat«[324] sowie in der berüchtigten *Endlösung des deutschen Volkes*[325] im Hinblick auf die befürchtete Auflösung der deutschen Volkssouveränität niederschlagen. Die von Dirk van Laak vorgenommene Einordnung Robert Hepps als »Haltungs-Schmittianer«[326] ist somit vollumfänglich zu bestätigen.

3.3 EXEMPLARISCHE ÄUSSERUNGEN

3.3.1 Leserbrief »Was ist heute eigentlich konservativ?«

Im Heft Nr. 163 der Politik- und Kulturzeitschrift *Der Monat* vom April 1962 eröffnete Armin Mohler mit dem Essay »Konservativ 1962«[327] die publizistische Debatte zum Thema »Was ist heute eigentlich konservativ?«. Dem vorangegangen war eine gleichartige Aufsatzfolge von Autoren mit »linkem« Selbstverständnis, die sich der gegenwartsorientierten politischen Standortbestimmung befleißigt und insbesondere inhaltliche Analysen dessen, »was heute eigentlich mit diesem Begriff ›links‹ gemeint sei«,[328] vorgenommen hatten. »[S]innvoll[329] schien es, nach Abschluß der Erörterungen von ›links‹ die entsprechende Frage auch einmal an die Angehörigen der politischen Rechten zu stellen«.[330] An Mohlers Text schlossen sich in den Folgeheften Stellungnahmen einer Vielzahl verschiedenster Vertreter eines zumeist kontrovers ausgelegten »Konservatismus« aus Politik, Medien und Publizistik, offiziell »Theoretiker und Praktiker der Politik«,[331] an: von Dietrich Schwarzkopf[332] (Deutschlandfunk), Golo Mann[333] (Ordinarius für Politische Wissenschaften in Stuttgart), Hans-Joachim von Merkatz[334] (Bundesminister für Angelegenheiten des Bundesrates und der Länder; CDU), Caspar von Schrenck-Notzing,[335] Klaus Harpprecht[336] (ZDF-Amerikakorrespondent), Eugen Gerstenmaier[337] (Bundestagspräsident; CDU), Hans Zehrer[338] (*Die Welt*-Chefredakteur) sowie Peter Dürrenmatt[339] (Schweizer Nationalrat; LDP). Die Meinungen gingen dabei äußerst weit auseinander und reichten von einer Kritik an moralisierter Realpolitik (Mohler) über die Betonung des Primats der Freiheit (Schwarzkopf) oder der Orientierung an menschlichen Fundamentalbedingtheiten (Merkatz) bis hin zu einem geschichtlich tradierten Ethos des Dienens (Gerstenmaier).

Im *Monat* Nr. 168 vom September 1962 wurden dann drei Lesereinsendungen zum bisherigen Verlauf der Debatte abgedruckt, darunter – als mit Abstand längster Meinungsbeitrag – ein Leserbrief des damals 24jährigen Robert Hepp. Dieser stand seinerzeit kurz vor dem Abschluß seines Studiums in Erlangen;[340] im selben Jahr hatte dort ein Flugblatt der »Konservativen Front«, das in zynischer Art und Weise die Entwicklungshilfepolitik der Bundesrepublik sowie Studenten schwarzafrikanischer Herkunft verächtlich machte, zu einem Hausverbot der Universität gegen Marcel Hepp geführt.[341] Robert Hepps hochverdichteter *Monat*-Leserbrief, in dem er – ganz im polemischen Duktus der »schrägen Flugblätter [...]«[342] seiner studentischen Aktionsgruppe – »noch schärfer formulierte als Mohler«[343] (der damals immerhin als einer der offensivsten öffentlichkeitswirksamen Autoren der »antidemokratischen, gegenaufklärerischen Rechten«[344] bekannt war), zielte ingesamt ausdrücklich darauf ab, »die Unmöglichkeit des Begriffs ›konservativ‹ zu entlarven«.[345]

Bereits im Einleitungssatz belehrte Hepp die Redaktion des *Monat*, man könne »nicht mit einem Wort herumhuren, ohne es zu schwächen«.[346] Ohnehin sei der Begriff »konservativ« dermaßen aufgeweicht und konturlos geworden, bedeute »alles und nichts«,[347] daß er zu einer politischen Standortbestimmung mittlerweile gänzlich ungeeignet sei. Unter diesem Vorbehalt erschien Hepp die in den vorangegangenen Ausgaben des *Monat* geführte Diskussion gänzlich unnötig und grotesk, da die divergierenden Definitionsansätze und -ergebnisse der Autoren lediglich noch mehr Verwirrung stifteten und rein gar nichts zu einer klar umrissenen, politischen – und somit streitbaren (»Jeder widerspricht jedem; aber keiner riskiert den großen Krach.«[348]) – Positionierung beitrügen; vielmehr begriff er die Debatte als in erster Linie selbstgefällige, realitätsferne *l'art pour l'art* »Konservativer« auf dem Weg in die geschichtliche und politische Bedeutungslosigkeit. Nichtsdestoweniger fand Hepp für die Beiträge Mohlers und Schrenck-Notzings auch anerkennende Worte.

Einzig dem Aufsatz Golo Manns widmete Hepp eine eingehendere Analyse, denn darin eröffnete sich für ihn mit dem Gebrauch des Wortes »Wiedergutmachung« der Ausgangspunkt für eine geharnischte Attacke auf den »bundesdeutschen Konservatismus«.[349] Hepp unterstellte zu diesem Zweck Mann, den Terminus von dem konservativ konnotierten »Restauration« abgeleitet zu haben – also jener Politik, die der Regierungspolitik des damaligen Bundeskanzlers Adenauer häufig vorgeworfen wurde. Die Synthese beider Begriffe, »Restauration« und »Wiedergutmachung«, nutzte Hepp zur Kritik am etablierten Konservatismus in der Bundesrepublik – und zu einem neuerlichen Seitenhieb auf den Tübinger Politologieprofessor Eschenburg, der früher bereits Ziel von Aktionen der frühen »Katholischen Front« gewesen war:[350] »Wieder-gut-machung‹ heißt das Codewort der bundesrepublikanischen Re-stauration. Eine Interpretation dieses Phänomens trägt mehr zur Klärung unserer Situation bei als die dicke Staatsbürgerfibel von Theodor Eschenburg. Die Wiedergutmachung kann getrost als die Staatsräson unserer Republik gelten. Auf diesem konservativen (sprich: restaurativen) Zug beruht im Ausland ihr Ansehen und ihr Kredit.«[351] Neben einer glatten Absage an den Versuch einer »Wiedergutmachung« der Zeit des Nationalsozialismus – ob auf finanzieller oder politisch-gesellschaftlicher Ebene – formulierte Hepp seine zentrale These eines sich in der deutschen Jugend allmählich formierenden Unwillens gegenüber dem antithetischen Verhaftetsein der Bundesrepublik in ihrer Vorgeschichte: »Die junge Generation [...] wehrt sich gerade gegen den historischen Narzißmus, der sich am Ende immer als perverser Nazismus entpuppt. Aus ihren Reihen hört man immer häufiger den Vorwurf, die Bundesrepublik stagniere in fauler Reaktion. Die Jugend steht bekanntlich nie auf der Seite des *status quo*; und ein vom Moos der Vergangenheit überwuchertes Staatsgebilde wird gleich gar nicht ihre Sympathie gewinnen.«[352]

Gleichsam scheine es, als sei das politische Interesse und der Wille zur politischen (nicht: parteipolitischen) Artikulation unter den jungen Menschen weitgehend zum Erliegen gekommen. Unter Berufung auf empirische Erkenntnisse bekundete Hepp jedoch, daß dieses Desinteresse lediglich an der Oberfläche vorhanden sei. Darunter aber brodle es, finde die Unzufriedenheit mit den gegenwärtigen Verhältnissen ein deutliches Sprachrohr: »Sie fluchen und schimpfen wie die Rohrspatzen (oder wie Martini) auf die Demokratie und die Bundesrepublik.«[353] In dieser Formulierung durfte der deutliche Verweis auf den seinerzeit höchst kontroversen Publizisten und Kollegen Marcel Hepps beim *Bayernkurier*,[354] Winfried Martini, der schon in den fünfziger Jahren mit seinem ersten Buch[355] unter dezidierter Berufung auf Carl Schmitt im Hinblick auf Krisenanfälligkeit und -beständigkeit der modernen Demokratie und somit auch und insbesondere der Bundesrepublik ein vernichtendes Urteil ausgestellt hatte, als brisant gelten. Jene politisch frustrierten jungen Menschen, die aufgrund ihres mangelnden Parteienengagements – laut Hepp – von außen als »[d]iese großen Schweiger«[356] wahrgenommen würden, hätten sich aber in Wahrheit bereits in einer fundamentaloppositionellen Haltung eingelebt: »Deshalb meiden sie die Kreise, Runden, Kränzchen und *round tables*, weil sie fürchten, in einen *circulus vitiosus* zu geraten. Sie kennen die Frageverbote einer freiheitlichen Demokratie und ihre fast verfassungsmäßig verankerte Sprachregelung. Weil sie aber gleichzeitig ihre Schwächen durchschauen, halten sie sich von den vielen Diskussionen fern, die unser Staat zum Beweis der Freiheit so unermüdlich organisiert.«[357]

Für Hepp waren die von der Bundesrepublik entfremdeten Jugendlichen »die neuen Rechten«;[358] »neu« nicht im Sinne einer Wiederkehr des Gedankenguts »altrechter« »konservative[r] Restaurateure und Reaktionäre«,[359] sondern aufgrund des neuartigen Charakters ihrer von der bundesrepublikanischen Scheinheiligkeit desillusionierten Anschauungen. Für ihren bewußten Verzicht auf geschichtliche Rückwärtsgewandtheit seien Nachkriegsgeschichtsschreibung und wissenschaftliche Zeitgeschichte (»Historiographie mit Trauerrand«[360]) direkt verantwortlich, indem sie die junge Generation aus ihrer Nationalgeschichte herausgerissen und so den Raum für neue Gedanken geschaffen hätten: »Zum ersten Mal in der Geschichte sind die »Konservativen« vom Ballast der Geschichte befreit. Sie wollen alles andere als ihren alten Kaiser Wilhelm wieder haben.«[361] Konstitutiv für diese »neuen Rechten« seien allein ihre wiederkehrenden Friktionen mit dem »System«[362] – darüber hinaus seien sie politisch und auch sozial weitgehend heimatlos, hätten diverse Selbstbilder und Subkulturen vergeblich durchprobiert,[363] sich letztlich auf einen kleinsten gemeinsamen Nenner des »Widerstands« besonnen und schwankten gegenwärtig zwischen heroischer Vereinsamung im Sinne des »Waldgängers« Ernst Jüngers oder des »Partisanen« Rolf Schroers,[364] der »innere[n] Emigration«[365] und der vorsichtigen Zusammenkunft mit Gleichgesinnten zu einem allmählich anwachsenden »Netz unterirdischer Beziehungen«.[366]

Gleichsam stellte Hepp fest, daß die von ihm prophezeite »neue Rechte«,[367] »die den Kampf gegen das liberale Establishment genauso führen sollte wie den gegen die Linke«,[368] bzw. »der neue »Konservatismus« nicht mehr faschistisch sein wird. Er wird auch nicht mehr unter der Fahne des Nationalismus marschieren.«[369] Stattdessen werde sich die »neue« rechte Anschauung in ein linkes Gewand hüllen müssen, um argumentativen Anschluß zu finden und der behördlichen Verfolgung zu entgehen – ohnehin seien die klassischen politischen Lagerbegriffe »links« und »rechts« in Wahrheit ihres ursprünglichen Inhalts beraubt: »Links oder rechts, das heißt hier und heute: Kollaboration (und dazu gehört im freien Westen auch die bloße Opposition!) oder Widerstand. Entweder geht man mit der Zeit und wählt SPD, oder man wählt gar nicht, wenn man keine Wahl hat. Dann befindet man sich allerdings schon *hors la loi*, im Todesstreifen, auf sich selber gestellt.«[370] Hier findet sich ein deutlicher Bezug auf Carl Schmitt, der im Verweis auf die zu erwartende »*hors-la-loi*-Setzung, mit einem Wort, der innerstaatlichen *Feinderklärung*«[371] gegenüber dem politischen, »totalen« Feind – nach Hepp eben jenen nichtwählenden, weil das parteienpolitische »System« der Bundesrepublik ablehnenden, »Widerständlern« – liegt.

Ungeachtet dessen, daß Hepps Betonung des »rechten« Charakters der von ihm skizzierten, aufkommenden politischen Bewegung zu einem Gutteil der Absicht zur Provokation entsprungen sein dürfte, nachdem die *Monat*-Redaktion »das vagere« [als der Begriff des »Konservativen«; N. W.] und emotional belastete Wort »rechts«[372] gleich zu Beginn der Aufsatzreihe abgetan hatte, zeugt sein Leserbrief in der Beschreibung einer aufkommenden, im eigentlichen Wortsinn »national-revolutionären« Jugendbewegung mit dem Ziel einer Umwälzung der politisch-gesellschaftlichen Zustände in der Bundesrepublik – retrospektiv betrachtet – von einer beachtlichen Weitsichtigkeit. Man mag dabei zuerst an die spätere Studentenbewegung rund um die APO denken und Hepp folgerichtig einen Irrtum bei den politischen Vorzeichen der »großen Schweiger«[373] attestieren. Weithin in Vergessenheit geraten ist, daß sich zeitgleich mit der sozialistischen Studentenbewegung kurzzeitig auch eine ungleich kleinere, an den historischen »Nationalrevolutionären« der »Konservativen Revolution« nach Mohlerscher Definition (wie Otto Strasser oder Ernst Niekisch) orientierte Studenteninitiative unter maßgeblicher Beteiligung von Henning Eichberg (alias Hartwig Singer), späterer Mitbegründer der sogenannten »Neuen Rechten«, gebildet hatte, die sich ganz im Sinne Hepps »des ›linken‹ Vokabulars [bediente], indem sie es übersteigert[e] und so *ad absurdum* führt[e]«.[374] So wurde Eichbergs »Bochumer Basisgruppe Neuer Nationalismus an der Ruhruniversität« von 1968 attestiert, ihre politischen Gegner durch kundige Verwendung und Umdeutung ihrer eigenen Argumente aus dem Konzept gebracht zu haben: »Eine solche mit marxistischen Termini gespickte Sprache hatte man bis dahin von rechts noch niemals gehört. Die Neue Linke war ziemlich verblüfft. Singer [d.i. Henning Eichberg; N.W.] bewarf sie auch mit glossierten Marx-Lenin-Mao-Zitaten. Er spielte der Neuen Linken auf der marxistischen Flöte ihre eigene Ideologie vor. Sie wußten keinen anderen Rat, als diese Melodie faschistisch zu nennen.«[375]

Insgesamt stellte der Leserbrief neben einer Abqualifizierung des Wortes »konservativ«, der sich in der Folge die bedeutenden bundesrepublikanischen Rechtsintellektuellen wie Arnold Gehlen,[376] Mohler und Schrenck-Notzing anschlossen,[377] vor allem einen persönlichen Blickwinkel Robert Hepps auf die zeitgenössische »skeptische […] Generation«[378] dar, deren Charakteristika nach dem Begründer des Schlagworts und Nestor der westdeutschen Soziologie, Helmut Schelsky,[379] ideologisch desillusioniert sowie Hinneigung zum Praktischen sein sollten. So deutete sich darin sein gewecktes Interesse an der und späterer Weg in die Soziologie (siehe Kapitel 3.2) bereits an, ebenso wie sich aus dem Brief trotz der mangelnden Konkretisierung »der Jugend« eine deutliche autobiographische Komponente herauslesen läßt. Insbesondere Hepps provokative Wortwahl (»kollektive Schamesröte«,[380] »Kollaboration«[381]), sein Hohn über »Linke« wie »Konservative«[382] sowie der süffisante Schlußverweis auf ein »lustig zu lesen [des]«[383] Partisanenkampf-Handbuch aus der Schweiz,[384] das »weit verbreitet«[385] sei und von ihm in eine kontroverse Reihe mit Jünger und Schroers gestellt wird, legen beredt Zeugnis ab über das Selbstverständnis des studentischen Aktivisten Robert Hepp (und wohl der gesamten »Konservativen Front«): intellektueller »Widerstandskämpfer« von rechts in einem progressiven, nicht reaktionären, Sinne zu sein, zum »Waldgang auch ohne Wald«[386] bereit und ohne Rücksicht auf die gesellschaftlichen Konventionen der »ideologisch überfremdet[en]«[387] Bundesrepulik.

3.3.2 Schrift »Politische Theologie und theologische Politik«

Robert Hepps Erlanger Dissertation »Politische Theologie und theologische Politik. Studien zur Säkularisierung des Protestantismus im Weltkrieg und in der Weimarer Republik« wurde niemals offiziell publiziert; »bezeichnenderweise wurden von der Arbeit nur die harmlosen Teile vervielfältigt«.[388] Bei der einzigen, vereinzelt archivalisch vorliegenden Version handelt es sich lediglich um einen Teilabdruck, konkret der beiden Kapitel des Hauptteils, was »[m]it Genehmigung der Fakultät«[389] geschah. Die dazugehörige mündliche Verteidigung fand am 15. Dezember 1967 unter Beteiligung der Erlanger Professoren Hans-Joachim Schoeps, Alfred Heubeck, Kurt Lenk und Walther von Loewenich statt.

Dementsprechend stand dem gedruckten Werk keine Einführung voran, sondern fand der Einstieg direkt mit dem Kapitel über den »Weltkrieg als Religionskrieg« statt. Hepp stellte darin gleich zu Beginn klar, daß religiöse Fragen für den Ausbruch und Verlauf des Krieges keine Rolle gespielt hätten, sondern vielmehr das elementare Erlebnis des Kriegsfalls zu einem Überschwang religiöser Hingabe geführt habe, mithin »der ganze Ballast des geistigen Erbes der Nation«[390] freigesetzt worden sei – also gemäß einer in Romantik-Tradition stehenden »deutschen Innerlichkeit« keine konkrete Hinwendung zu einem manifesten Glaubensbekenntnis, sondern vielmehr zur allgemeinen Transzendenz beziehungsweise »Übersinnlichkeit« stattgefunden habe.

Hepp aber ging es in seiner Arbeit formell um die Betrachtung der deutschen protestantischen Theologie. Seiner Untersuchung der Entwicklung des Protestantismus im Ersten Weltkrieg steht die Feststellung voran: »Der Weltkrieg ist nicht wegen des Christentums, sondern trotz des Christentums ausgebrochen«[391] – dennoch habe sich im Kriegsverlauf gerade der deutsche Protestantismus in eine groteske, teilweise (von einem dogmatischen Religionsbegriff ausgehend) schlechthin häretische Identifikation des Kriegsgeschicks mit einem Gottesurteil hineingesteigert, also »den Heldentod fürs Vaterland zum christlichen Martyrium umzudeuten«[392] und die Gottheit für das Deutsche Reich zu vereinnahmen versucht.[393] Dergleichen sei jedoch keine ausschließlich protestantische oder deutsche Eigenheit gewesen: »Man kann ohne weiteres sagen, daß die protestantische Kriegstheologie nur ein christlich getönter Annex des allgemeinen »Kriegsglaubens« war«[394] – demzufolge wäre der zeitgenössische Protestantismus eher von der omnipräsenten Kriegsmentalität vereinnahmt worden als *vice versa*.

Jedoch warf Hepp unter Berufung auf Ludwig Feuerbach die Frage auf, inwieweit der scheinbar »religiöse« Impetus der Kriegsjahre nicht in Wahrheit vielmehr eine Art Surrogat für das deutsche Nationalbewußtsein gewesen sei – so vollzöge sich der Zirkelschluß von »theologischer Politik« zurück zu »politischer Theologie«. Die Bezugnahme auf ein Zitat Feuerbachs, wonach der »wirkliche Gott eines Volkes [...] der Point d'honneur seiner Nationalität«[395] sei, wies bereits auf eine spätere Argumentation von Robert Hepp in einem eng an Carl Schmitt orientierten Vortrag vor der Siemens-Stiftung hin, in der er die Schmittsche These vom unumgänglichen Ausnahmezustand darauf zurückführte, »daß es für jeden Staat Grenzen der Zumutbarkeit gebe, so etwas wie einen Point d'honneur, hinter den er nicht zurückweichen kann, wenn er sich nicht aufgeben will«.[396] Folgerichtig stelle sich die Frage nach der Verquikkung von Theologie (im konkreten Fall: Christentum beziehungsweise Protestantismus) und politischer Absicht auch keinesfalls erst seit 1914, sondern vielmehr bereits seit dem Aufkommen des nationalstaatlichen Prinzips *per se*.

Für Hepp stellte sich, daraus abgeleitet, die Frage nach einer möglichen Genese der »nationale[n] Religion [...] als Degenerationsform des Christentums«.[397] Anhand des Beispiels Ernst Moritz Arndt wies er jedoch nach, daß die Apotheose der *natio* mitnichten eine säkularisierte Abart des christlichen Glaubens darstellte, sondern im Gegenteil das »Einsickern« religiöser Motive in konkrete Politik.[398] Dabei wirke insbesondere der Krieg als Katalysator, indem durch ihn der (National-)Staat sein in Friedenszeiten zumeist nur latent durchsetzbares *ius vitae ac necis*, und damit – unter Berufung auf Leo Strauss und Max Scheler – seine »Heiligkeit«, in vollem Umfang zurückerlange. Hier ließ Hepp auch den »Begriff des Politischen« zur Geltung kommen: »Wenn man davon ausgeht, daß sich im Krieg die für ein Volk maßgebende politische Unterscheidung [d.i. bei Carl Schmitt die Freund-Feind-Unterscheidung; N.W.] am deutlichsten zeigt, weil der Kriegsfall der »Ernstfall« der Politik ist, dann könnte diese Nationalisierung der Religion sehr wohl als ihre Politisierung gedeutet werden.«[399]

Trotz alledem lehnte Hepp eine Bezeichung des Ersten Weltkriegs als »Religionskrieg« ab.[400] Vielmehr sei die Theologie, wie auch alle anderen Bereiche des gesellschaftlichen und menschlichen Lebens, durch den Krieg politisiert worden. Dabei habe sich der Protestantismus zwischen den Stühlen von Pazifismus und Nationalismus wiedergefunden; eine Zwangslage, die zu einer auslegungsmäßigen Aufsplitterung der kirchlichen Lehre geführt habe.[401] Im Ausblick auf Kriegsende, Novemberrevolution und Weimarer Republik stellte Hepp die aufkommende Identifikation von Nation und Gesellschaft als eine Art apokalyptischen

Vorgang heraus, da in der Gesellschaft als »Kirchenersatz« »eine Scheidung von Kirche und Staat sinnlos und überflüssig geworden«[402] sei und sich das politische Gewicht auf die »Auseinandersetzung zwischen Staat und Gesellschaft«[403] verlagert habe. Auch hier klang wiederum deutlich Carl Schmitt an, diesmal die Implikationen seiner »Verfassungslehre«.[404]

Im zweiten Teil des Dissertationsteildrucks, »Revolution und Kirche«, befaßte sich Robert Hepp mit der scheinbaren Unvereinbarkeit beider Begriffe. Ausgehend von der Französischen Revolution und der ihr inhärenten Gleichsetzung von »Kirche« mit »Monarchie«, also mithin mit »Staat«, ging er über zu einer Betrachtung des deutschen Protestantismus in den Revolutionen von 1848 und insbesondere 1918. Gerade nach letzterer habe sich ihm nach dem Verlust des Status als »Staatskirche« die Seinsfrage gestellt, da »eine Kirche, die mit dem alten Staat in so enger Symbiose gelebt hatte, und die erst im jüngst vergangenen Kriege diese ihre Abhängigkeit wie nie zuvor glorifiziert und theologisiert hatte, den Graben der Revolution nicht ohne weiteres überspringen konnte«.[405] Die unmittelbare Folge der Umwandlung des Kaiserreichs in eine Republik sei die Emanzipation der Kirche von der Staatsform gewesen; nur so habe der deutsche Protestantismus seine Stellung gegenüber der »neuen« Politik wahren können.[406]

Mit dem Umschlagen der Konstitutionsphase der Weimarer Republik in den Bürgerkrieg, so fuhr Hepp fort, habe aber alsbald der »Ernstfall« wieder Einzug gehalten – darauf und auf die damit einhergehende erneute totale Politisierung sei der reorganisierte Protestantismus nicht vorbereitet gewesen und habe nur mit einer »kompakte[n] Feigheit des Denkens«[407] unter vollständiger Heraushaltung aus allen politischen Belangen reagieren können. In der Folgezeit hätten protestantische Theologen manches versucht, ihre Religion zu einer »demokratischen« umzuformen, was letztlich einer (Re-)Politisierung gleichgekommen wäre. Zu diesem Zwecke sei beispielsweise die teleologische Lehre Karl Marx' vom letztendlichen Idealzustand des Kommunismus zur Eschatologie Martin Luthers parallelisiert und so der fortgesetzte Aktualitätsanspruch der protestantischen Lehre heraufbeschworen worden.[408]

Abschließend stellte Hepp fest, daß das Dogma der Trennung von Politik und Theologie in der »Totalität von ›Religion und Politik‹«[409] des Ersten Weltkriegs und der Zwischenkriegszeit notwendigerweise scheitern mußte. Da aber das Christentum keine hinreichend identitätsstiftende Wirkung mehr zu entfalten in der Lage gewesen sei, sei es eben nicht zu einer Theologisierung der Politik, sondern stattdessen zu einer Politisierung der Theologie gekommen, was faktisch die Schaffung einer »Ersatzreligion« zur Unterstützung rein politischer Zielsetzungen nach sich gezogen habe. Hieraus leitete Hepp auch die auf die Ereignisse von 1918 folgenden antikirchlichen Affekte im politischen Meinungskampf ab: »Da die Theologen der Demokratie ihre Religion als die demokratische und die Demokratie als ihre Religion propagierten, konnte es nicht ausbleiben, daß Gegner der Demokratie zu Gegnern ihrer Religion und Gegner ihrer Religion zu Gegnern der Demokratie wurden, sobald sie die These vom »Zusammenhang der religiösen und der politischen Weltkrise« akzeptierten.«[410] Den abrupten

Schlußpunkt des zweiten Hauptteils und damit des öffentlich zugänglichen Teils von Hepps Dissertation bildet – im Hinblick auf Weimar – eine Definition des Begriffs »Krise« von der altgriechischen Wurzel her als »Moment der Entscheidung«.[411]

Damit war Hepp denn auch wieder bei Carl Schmitt und der Essenz des »Begriffs des Politischen« angelangt: dem Akt der Entscheidung. »Die entscheidende Frage, die die Revolution an die protestantischen ›Kritiker‹ stellte, war die, wie der Protestantismus von der Demokratie unterschieden werden könnte. Die religiösen Demokraten hatten beide ›Gebiete‹ vermischt und ihre Grenzen verwischt«[412] – damit hätte sich der deutsche Protestantismus in der Weimarer Republik, Schmittsche Maßstäbe angelegt, selbst seines politischen Gehalts entbunden und wäre somit regelrecht aus der »Sphäre des Politischen« herausgefallen.[413]

Trotz der formalen Unvollständigkeit des Teilabdrucks der Dissertation von Robert Hepp läßt sich aus ihm – trotz vereinzelter Spitzen des Katholiken Hepp gegen den »wankelmütigen« Protestantismus der ersten Jahrhunderthälfte – die Schulung an den Schriften Carl Schmitts deutlich herauslesen. Obgleich sich Hans-Dietrich Sander im Nachhinein darüber verwundern sollte, daß Hepp die eigentlich titelgebende Schmitt-Schrift *Politische Theologie* nicht ein einziges Mal zitiert habe,[414] ist die Arbeit doch von ihrem Geist durchwirkt. Zwar ist »Politische Theologie und theologische Politik« keine dezidiert politische, sondern eine geistesgeschichtliche Schrift, doch lassen ihre Argumentationen und Beweisführungen den »Haltungs-Schmittianer« Robert Hepp deutlich erahnen.

4

Fazit

Es wurde gezeigt, inwieweit der politische Weg der Brüder Marcel und Robert Hepp in den fünfziger und sechziger Jahren des 20. Jahrhunderts von den rechtsintellektuellen Vordenkern Carl Schmitt und Armin Mohler maßgeblich beeinflußt, von letzterem sogar unmittelbar evoziert und befördert worden ist. In den betrachteten zwei Jahrzehnten stellte sich Marcel Hepp als bestrebt heraus, im Schulterschluß mit Mohler die empfangenen politisch-theoretischen Lehren einer realpolitischen Umsetzung in der westdeutschen Demokratie zu unterziehen. Die CSU unter Franz Josef Strauß sollte dabei als parlamentarischer Transmissionsriemen dienen, um eine weiterentwickelte und an die Bundesrepublik angepaßte Variante des Schmittschen dezisionistischen »Etatismus« sowie einen auf nationale Souveränität und gleichberechtigte Behandlung der Bundesrepublik auf dem internationalen Parkett abzielenden »deutschen Gaullismus« auf den Weg zu bringen. Demgegenüber entwickelte Robert Hepp im Verlauf seiner akademischen Laufbahn als Soziologe eine eigene, »haltungsschmittianische« Variation der Lehren Carl Schmitts, die auf eine Wiederherstellung und Verfestigung der ihm akut bedroht erscheinenden deutschen »Volkssouveränität« abzielte.

Obgleich angesichts des frühen Todes Marcel Hepps und der weitaus größeren publizistischen Produktivität seines

Bruders Robert jenseits des von dieser Arbeit behandelten Zeitraums die zeitgeschichtliche Analyse des Heppschen politischen Wirkens unvollständig bleiben muß, sollte es doch gelungen sein, die dazu grundlegenden und für ein tieferes Verständnis maßgeblichen An- und Absichten klar herauszuarbeiten. Anhand der Erkenntnisse der vorliegenden Arbeit urteilend, erscheint es dem Verfasser nachlässig, in welcher Art und Weise die Gebrüder Hepp in geschichtlichen Betrachtungen der Nachkriegsrechten weitestgehend allenfalls marginalisiert behandelt wurden; er ist gewillt, der Ansicht Karlheinz Weißmanns zuzustimmen, wonach insbesondere die Hepps in den rechtsintellektuellen Zirkeln Westdeutschlands »eine intellektuelle Potenz: keine Nur-Antikommunisten, nicht so betulich wie die Älteren, aber offen für jede Art von Zusammenarbeit, die die Position der geistigen Rechten stärken und sich tatsächlich politisch auswirken würde«,[415] verkörperten.

Nachdem sowohl »altrechte« beziehungsweise rechtsextremistische Nachkriegsparteien, insbesondere die NPD, sowie die ab den frühen siebziger Jahren in der Bundesrepublik auftretende, sogenannte »Neue Rechte« erschöpfend politik- und geschichtswissenschaftlich erforscht worden sind, scheint es sich nun bei der »dazwischenliegenden«, nicht parteigebundenen »jungen Rechten«[416] – oder wie auch immer man sie zu betiteln beliebt – um ein mindestens ebenso ergiebiges Forschungsfeld für zeit- und ideengeschichtliche Studien zu handeln. Hierzu einen Beitrag zu liefern, und einen ideengeschichtlichen »dunklen Raum« zu erhellen, war das zentrale Anliegen dieser Arbeit.

Anmerkungen

1 Schreiben Robert Hepps an den Verfasser vom 27. Februar 2012.

2 Vgl. Nils Wegner: Er hat unangenehmen Fragen geantwortet. Der Soziologe Robert Hepp wird 75. Er warnte früh vor dem demographischen Niedergang der Deutschen, der heute jedermann offenkundig ist; in: *Junge Freiheit* Nr. 8, (28) 2013, S. 20.

3 Vgl. Robert Hepp: Wirkliche Missetaten reichen; in: *Junge Freiheit* Nr. 10, (28) 2013, S. 23.

4 Jan-Werner Müller: From National Identity to National Interest. The Rise (and Fall) of Germany's New Right; in: ders. (Hg.): German Ideologies since 1945. Studies in the Political Thought and Culture of the Bonn Republic, Europe in Transition: The NYU European Studies Series, Bd. 5, New York 2003, S. 185–205, hier S. 186.

5 Dirk van Laak: Gespräche in der Sicherheit des Schweigens. Carl Schmitt in der politischen Geistesgeschichte der frühen Bundesrepublik, Berlin 1993, S. 9, Anmerkung Nr. 6.

6 Vgl. Helga Grebing: Konservative gegen die Demokratie. Konservative Kritik an der Demokratie in der Bundesrepublik nach 1945, Frankfurt/Main 1971.

7 Vgl. van Laak: Gespräche, S. 9, Anmerkung Nr. 4; sowie Günter Maschke: Strom und Rinnsal. Die allzu banale Historisierung Carl Schmitts; in: *Junge Freiheit* Nr. 8, (27) 2012, S. 20.

8 Vgl. Robert Hepp: Die Endlösung der deutschen Frage. Grundlinien einer politischen Demographie der Bundesrepublik Deutschland, mit einem Exkurs über Demokratie und Identität, Tübingen 1988.

9 Susanne Mantino: Die »Neue Rechte« in der »Grauzone« zwischen Rechtsextremismus und Konservatismus. Eine systematische Analyse des Phänomens »Neue Rechte«, Frankfurt/Main 1992, S. 148.

10 Giselher Schmidt: Der politische Standort des Bayern-Kurier, Frankfurt/Main 1970.

11 Vgl. Robert Hepp: Lebenslauf; in: ders.: Politische Theologie und theologische Politik. Studien zur Säkularisierung des Protestantismus im Weltkrieg und in der Weimarer Republik, Diss.-Teildruck, Erlangen-Nürnberg 1968, o. S.; ein Hinweis auf Anton Hepp findet sich auch bei Robert Frank u. Wilfried Steinhart: Schiefertafelfabrik in Dettingen / Hohenzollern. Ergänzungen und weitere Abbildungen; in: *Hohenzollerische Heimat* Nr. 1, (59) 2009, S. 90–93, hier S. 96.

12 Vgl. Schreiben Karl Lehmanns an den Verfasser vom 18. Juli 2012.

13 Armin Mohler: Erinnerung an einen Freund; in: ders.: Von rechts gesehen, Stuttgart 1974, S. 324–327, hier S. 325.

14 Vgl. ebd. sowie Armin Mohler: Der Nasenring. Die Vergangenheitsbewältigung vor und nach dem Fall der Mauer, München 1991, S. 257. [Dort wird kein

Name genannt, es ist jedoch klar zu erkennen, daß es sich bei dem »Universitäts-professor der Soziologie«, der Sohn des Verhafteten sei, um Hepps Bruder Robert handelt; N. W.]

15 Vgl. Schmidt: Standort, S. 10.

16 Vgl. Armin Mohler (Hg.): Carl Schmitt. Briefwechsel mit einem seiner Schü-ler, in Zusammenarbeit mit Irmgard Huhn u. Piet Tommissen, Berlin 1995, S. 268f, Anmerkung Nr. 322; sowie Torsten Uhrhammer: Strauß und die Konser-vativen. Überlegungen aus Anlaß seines 20. Todestages; in: *Sezession* Nr. 27, (6) 2008, S. 30f., hier S. 31. [Bei Schmidt: Standort, S. 11 wird hingegen 1958 als Grün-dungsjahr angegeben; N. W.]

17 Vgl. Mohler (Hg.): Briefwechsel, ebd.; sowie Robert Hepp: Mohler sub spe-cie aeternitatis. Ein Höllentelefonat von Robert mit Marcel Hepp; in: Ulrich Fröschle, Markus Josef Klein u. Michael Paulwitz: Der andere Mohler. Lesebuch für einen Selbstdenker – Armin Mohler zum 75. Geburtstag, Limburg a. d. Lahn 1995, S. 47–59, hier S. 53.

18 Vgl. Mohler: Erinnerung, S. 325.

19 Mohler (Hg.): Briefwechsel, S. 269. [Brief Schmitts an Mohler vom 19. Januar 1960; N. W.]

20 O. A.: Register. Gestorben; in: *Der Spiegel* Nr. 43, (24) 1970, S. 261f., hier S. 262.

21 Ebd.

22 Hans-Dieter Bamberg: Die Deutschland-Stiftung e.V. Studien über Kräf-te der »demokratischen Mitte« und des Konservatismus in der Bundesrepublik Deutschland, Meisenheim am Glan 1978, S. 423.

23 Ebd.

24 Schmidt: Standort, S. 11.

25 Vgl. ebd.

26 Vgl. Robert Hepp: Leserbrief zur Reihe »Was ist eigentlich konservativ?«; in: *Der Monat* Nr. 168, (14) 1962, S. 86–92, hier S. 87.

27 Van Laak: Gespräche, S. 190.

28 Zit. nach Bamberg: Deutschland-Stiftung, S. 401, Anmerkung Nr. III-68.

29 Mohler: Erinnerung, S. 325.

30 Schmidt: Standort, S. 11.

31 Armin Mohler: Nachruf auf Marcel Hepp; in: *Deutschland-Magazin* vom 9. Oktober 1970, S. 28; zit. nach Bamberg: Deutschland-Stiftung, a. a. O., S. 423, Anmerkung Nr. III-91. [Das Erscheinungsdatum dieses Nachrufs, soweit kor-rekt, spräche für den 7. Oktober 1970 als Sterbedatum M. Hepps – siehe dazu auch unten, Anmerkung Nr. 113; N. W.]

32 Mohler: Erinnerung, S. 325; bei Schmidt: Standort, S. 11 hingegen fehlt der Verweis auf Schmitt im Zitat.

33 Schmidt: Standort, S. 11.

34 Vgl. Ernst-Wolfgang Böckenförde: Der Begriff des Politischen als Schlüssel zum staatsrechtlichen Werk Carl Schmitts; in: Helmut Quaritsch (Hg.): Complexio Op-positorum – Über Carl Schmitt. Vorträge und Diskussionsbeiträge des 28. Sonder-seminars 1986 der Hochschule für Verwaltungswissenschaften Speyer, Schriften-reihe der Hochschule Speyer, Bd. 102, Berlin 1988, S. 283–299, hier S. 293f.

35 Mohler (Hg.): Briefwechsel, S. 269. [Brief Schmitts an Mohler vom 19. Januar

1960; N. W.]
36 Vgl. Claus Leggewie: Der Geist steht rechts. Ausflüge in die Denkfabriken der Wende, Berlin 1987, S. 196.
37 Vgl. Armin Mohler: Die Konservative Revolution in Deutschland 1918 –1932. Grundriß ihrer Weltanschauungen, Stuttgart 1950.
38 Vgl. Karlheinz Weißmann: Armin Mohler. Eine politische Biographie, Schnellroda 2011, S. 129.
39 Vgl. van Laak: Gespräche, S. 261, Anmerkung Nr. 115; sowie Richard Faber: Abendland. Ein »politischer Kampfbegriff«, Hildesheim, 1979, S. 195, Anmerkung Nr. 2.
40 Mohler (Hg.): Briefwechsel, S. 269. [Brief Schmitts an Mohler vom 19. Januar 1960; N. W.]
41 Vgl. a. a. O., S. 268f. [Brief Schmitts an Mohler vom 19. Januar 1960; N. W.]
42 Vgl. a. a. O., S. 271. [Anlage zum Brief Schmitts an Mohler vom 23. Januar 1960; N. W.]
43 A. a. O., S. 270. [Brief Schmitts an Mohler vom 23. Januar 1960; N. W.]
44 A. a. O., S. 271. [Brief Schmitts an Mohler vom 27. Januar 1960; N. W.]
45 Vgl. Claus Jacobi: Schweitzers Uhr geht anders. Ein Bericht aus dem Urwald-Hospital in Lambarene; in: *Der Spiegel* Nr. 52, (14) 1960, S. 62–67, hier S. 66.
46 Schmidt: Standort, S. 12.
47 A. a. O., S. 11.
48 Vgl. a. a. O., S. 12.
49 Mohler (Hg.): Briefwechsel, S. 153, Anmerkung Nr. 174.
50 Vgl. Marianne Kesting: Begegnungen mit Carl Schmitt; in: Piet Tommissen (Hg.): Schmittiana. Beiträge zu Leben und Werk Carl Schmitts, Bd. 4, Berlin 1994, S. 93–118, hier S. 113f. [Wiederabdruck eines Artikels des *Erlanger Tagblatt* vom 5. Juni 1962; N. W.]
51 Vgl. Armin Mohler u. Petra Müller: Das Gespräch. Über Linke, Rechte und Langweiler, Dresden 2001, S. 54f.
52 Vgl. Schmidt: Standort, S. 12; sowie Mohler: Erinnerung, S. 326.
53 Detlef Bischoff: Franz Josef Strauß, die CSU und die Außenpolitik. Konzeption und Realität am Beispiel der Großen Koalition, Meisenheim am Glan 1973, S. 25.
54 Peter Hoeres: Außenpolitik, Öffentlichkeit, öffentliche Meinung. Deutsche Streitfälle in den »langen 19sechziger Jahren«; in: *Historische Zeitschrift* Nr. 3, Bd. 291, 2010, S. 689–720, hier S. 700.
55 Vgl. Peter Hoeres: Reise nach Amerika. Axel Springer und die Transformation des deutschen Konservatismus in den 19sechziger- und 1970er-Jahren; in: *Zeithistorische Forschungen/Studies in Contemporary History*, Online-Ausgabe 1, 2012, URL: <http://www.zeithistorische-forschungen.de/16126041-Hoeres-1-2012>, zuletzt geprüft am 28. August 2012.
56 Zit. nach van Laak: Gespräche, S. 205, Anmerkung Nr. 110.
57 Vgl. a. a. O., S. 204; sowie Mohler (Hg.): Briefwechsel, S. 387. [Brief Schmitts an Mohler vom 25. Oktober 1967; N. W.]
58 Vgl. Mohler (Hg.): Briefwechsel, S. 359. [Brief Schmitts an Mohler vom 14. oder 15. Oktober 1965; N. W.]
59 Vgl. a. a. O., S. 374. [Brief Schmitts an Mohler vom 26. Oktober 1966; N. W.]

60 Vgl. Hoeres: Streitfälle, S. 703.

61 A. a. O., S. 696.

62 A. a. O., S. 697.

63 Vgl. Klaus Dillmann u. Raoul Huebner: Das Grundgesetz = Versailles II? Zum Bochumer Vortrag eines Strauß-Schülers; in: *Ruhr-Reflexe* Nr. 4, (2) 1967, S. 5–8, hier S. 5.

64 Vgl. van Laak: Gespräche, S. 193.

65 Vgl. Heinz Höfl: »Ich habe mitgeschrieben – Sie sind erledigt«. Über Auseinandersetzungen in der Parteileitung 1967; in: *Süddeutsche Zeitung* vom 17. März 1967, S. 3. [M. Hepps *Bayernkurier*-Mitarbeiter Wilfried Scharnagl konnte sich in einem Telefonat mit dem Verfasser vom 26. August 2012 allerdings an keinen derartigen Vorfall erinnern; N. W.]

66 Vgl. Schmidt: Standort, S. 13.

67 Vgl. a. a. O., S. 8. [Die dortige Jahresangabe des Dienstantritts M. Hepps ist offensichtlich falsch, vgl. S. 12; N. W.]

68 Bischoff: Außenpolitik, S. 162, Anmerkung Nr. 3 u. S. 324.

69 Leggewie: Denkfabriken, S. 196.

70 Mohler: Erinnerung, S. 327.

71 Bischoff: Außenpolitik, S. 162.

72 Rudolf Augstein: Die Russen kommen; in: *Der Spiegel* Nr. 35, 1969, S. 16.

73 Zit. nach Schmidt: Standort, S. 10. [angeblich von Wulf Schönbohm; N. W.]

74 O. A.: Strampeln muß man; in: *Der Spiegel* Nr. 20, (24) 1970, S. 34–55, hier S. 34.

75 Kurt Zach: Schwarzes Erwachen. Franz Josef Strauß ohne Nachfolger: Die schleichende Abdankung der CSU; in: *Junge Freiheit* Nr. 27, (23) 2008, S. 1.

76 Schmidt: Standort, S. 28.

77 Vgl. a. a. O., S. 27f.

78 Vgl. a. a. O., S. 29–35.

79 Armin Mohler: Deutscher Konservatismus seit 1945; in: Gerd-Klaus Kaltenbrunner (Hg.): Die Herausforderung der Konservativen. Absage an Illusionen, *Herderbücherei Initiative*, Bd. 3, München 1974, S. 34–53, hier S. 49.

80 Vgl. Schmidt: Standort, S. 68.

81 Paul Noack: Die CSU – nationalistisch oder was sonst?; in: *Der Monat* Nr. 261, (22) 1970, S. 6–12, hier S. 10.

82 Schmidt: Standort, S. 19.

83 Armin Mohler: Außenpolitik der Vorleistungen; in: ders.: Von rechts gesehen. Stuttgart-Degerloch 1974, S. 78–81, hier S. 78.

84 Schmidt: Standort, S. 26.

85 Vgl. Faber: Abendland, S. 24, Anmerkung Nr. 2.

86 Mohler: Erinnerung, S. 326.

87 Vgl. Ulrich Klug, Marcel Hepp, Karl-Hermann Flach u. Matthias Becker: Die peinliche Verfassung; in: Hans Abich (Hg.): Versuche über Deutschland. Referate und Gespräche, Bremen 1970, S. 41–57. [undatierte Rundfunksendung bei Radio Bremen vom September 1969; N. W.]

88 A. a. O., S. 47.

89 A. a. O., S. 50–53.

90 Schmidt: Standort, S. 13.

91 Vgl. Bischoff: Außenpolitik, S. 280.

92 Vgl. Hoeres: Streitfälle, S. 703f.

93 Vgl. Schmidt: Standort, S. 24f.

94 A. a. O., S. 52.

95 Vgl. Bischoff: Außenpolitik, S. 162, Anmerkung Nr. 3.

96 A. a. O., S. 175.

97 Vgl. Hoeres: Streitfälle, S. 712; ebenso Bischoff: Außenpolitik, S. 185 u. S. 310.

98 Bischoff: Außenpolitik, S. 176.

99 Hoeres: Streitfälle, S. 704.

100 Carl Schmitt u. Hans-Dietrich Sander: Werkstatt-Discorsi. Briefwechsel 1967–1981, hgg. von Erik Lehnert u. Günter Maschke, Schnellroda 2008, S. 97, Anmerkung Nr. 10.

101 Marcel Hepp: Der Atomsperrvertrag. Die Supermächte verteilen die Welt, Stuttgart-Degerloch 1968.

102 A. a. O., S. 1. [Verlagstext; N. W.]

103 Ebd.

104 Bischoff: Außenpolitik, S. 217.

105 A. a. O., S. 211.

106 Vgl. a. a. O., S. 213, Anmerkung Nr. 1; sowie o. A.: Verschwundener Brief; in: *Der Spiegel* Nr. 23, (23) 1969, S. 24.

107 Vgl. Ludwig Steinkohl: Strauß fordert eine neue europäische Initiative; in: *Münchner Merkur* vom 10. Juni 1968, S. 2; ebenso o. A.: Dümmlich verschleiert; in: *Der Spiegel* Nr. 6, (23) 1969, S. 66f.

108 Vgl. o. A.: Wildern im Norden; in: *Der Spiegel* Nr. 49, (23) 1969, S. 30f.

109 Vgl. o. A.: Nie da; in: *Der Spiegel* Nr. 46, (23) 1969, S. 32.

110 Vgl. Mohler u. Müller: Gespräch, S. 57; ebenso o. A.: Gestorben, S. 262; sowie Dorothee Mußgnug, Reinhard Mußgnug u. Angela Reinthal (Hgg.): Briefwechsel Ernst Forsthoff – Carl Schmitt 1926–1974, Berlin 2007, S. 311. [Brief Forsthoffs an Schmitt vom 9. Juli 1970, an dem die Krankheit folglich bereits bekanntgewesen sein muß; N. W.]

111 Vgl. Mohler u. Müller: Gespräch, S. 55.

112 Vgl. Mohler: Erinnerung, S. 324; ebenso o. A.: Gestorben, S. 262; sowie im Schreiben Karl Lehmanns an den Verfasser vom 18. Juli 2012, in dem von der Heidelberger Universitätsklinik die Rede ist. [anders Leggewie: Denkfabriken, S. 196, wonach M. Hepp in München verstorben sein soll; N. W.]

113 Vgl. Schmidt: Standort, S. 8; ebenso Mohler: Erinnerung, S. 324; sowie o. A.: Gestorben, S. 262. [anders Weißmann: Mohler, S. 164, wonach M. Hepp am 7. Oktober verstorben sein soll – siehe dazu auch oben, Anmerkung Nr. 31; N. W.]

114 Mohler: Erinnerung, S. 324. [Kursivierung im Original; N. W.]

115 Vgl. Mohler (Hg.): Briefwechsel, S. 387. [Brief Schmitts an Mohler vom 25. Oktober 1967; N. W.]

116 Mohler: Erinnerung, S. 327.

117 Vgl. Mohler: a. a. O.; sowie Faber: Abendland, S. 195, Anmerkung Nr. 2.

118 Mohler (Hg.): Briefwechsel, S. 405. [Brief Schmitts an Mohler vom 18. September 1974; N. W.]

119 Vgl. Bamberg: Deutschland-Stiftung, S. 423, Anmerkung Nr. III-91; sowie

Faber: Abendland, S. 24, Anmerkung Nr. 2.

120 Vgl. o. A.: Gestorben, S. 262.

121 Auskunft Wilfried Scharnagls in Telefonat mit dem Verfasser vom 26. August 2012.

122 Vgl. ebd.; ebenso Mohler u. Müller: Gespräch, S. 56.

123 Vgl. Mohler (Hg.): Briefwechsel, S. 270f. [Brief Schmitts an Mohler vom 23. Januar 1960; N. W.]

124 Vgl. Weißmann: Mohler, S. 95.

125 R. Hepp: Höllentelefonat, S. 56.

126 Vgl. Mohler (Hg.): Briefwechsel, S. 305f. [Anmerkung Nr. 365; N. W.]

127 Leggewie: Denkfabriken, S. 203.

128 Van Laak: Gespräche, S. 261.

129 Uhrhammer: Strauß, S. 30.

130 Ebd.

131 Vgl. van Laak: Gespräche, S. 261; ebenso Dirk van Laak: From the Conservative Revolution to Technocratic Conservatism; in: Jan-Werner Müller (Hg.): German Ideologies since 1945. Studies in the Political Thought and Culture of the Bonn Republic, Europe in Transition: The NYU European Studies Series, Bd. 5, New York 2003, S. 147–160, hier S. 147f. u. S. 156; sowie Rainer Waßner: Technokratischer Konservativismus; in: *Sezession* Nr. 38, (8) 2010, S. 24–28.

132 Vgl. Mohler (Hg.): Briefwechsel, S. 332. [Brief Mohlers an Schmitt vom 9. Juli 1963; N. W.]

133 Vgl. Karlheinz Weißmann: Die Gaullisten; in: *Sezession* Nr. 38, (8) 2010, S. 16–19, hier S. 16f.

134 Karlheinz Weißmann: Kurze Geschichte der konservativen Intelligenz nach 1945, Berliner Schriften zur Ideologienkunde, Bd. 1, S. 41.

135 Vgl. Mohler u. Müller: Gespräch, S. 54f.

136 Mohler (Hg.): Briefwechsel, S. 345. [Brief Mohlers an Schmitt vom 22. April 1965. Kursivierung im Original; N. W.]

137 Armin Mohler: Was die Deutschen fürchten. Angst vor der Politik, Angst vor der Geschichte, Angst vor der Macht, Stuttgart-Degerloch 1965.

138 A. a. O., Klappentext.

139 Vgl. Hoeres: Reise.

140 Weißmann: Gaullisten, S. 19. [Umbruch im Original; N. W.]

141 Vgl. Hoeres: Streitfälle, S. 715.

142 Vgl. Weißmann: Gaullisten, S. 19.

143 Vgl. Mohler u. Müller: Gespräch, S. 55f.

144 Mohler: Erinnerung, S. 324. [Kursivierung im Original; N. W.]

145 Vgl. Gerd-Klaus Kaltenbrunner (Hg.): Konservatismus international, Stuttgart-Degerloch 1973.

146 Vgl. Armin Mohler: Der faschistische Stil; in: ders.: Von rechts gesehen, Stuttgart-Degerloch 1974, S. 179–221. [Wiederabdruck des Originaltexts von 1973; N. W.]

147 Vgl. a. a. O., S. 218, Anmerkung Nr. 62.

148 Schreiben Karlheinz Weißmanns an den Verfasser vom 18. August 2012; vgl. ebenso Schmitt u. Sander: Werkstatt-Discorsi, S. 96f., Anmerkung Nr. 10; auch

Weißmann: Mohler, S. 228.

149 Mohler (Hg.): Briefwechsel, S. 345. [Brief Mohlers an Schmitt vom 22. April 1965. Kursivierung im Original; N. W.]

150 Vgl. Mohler u. Müller: Gespräch, S. 56.

151 Ebd.

152 A. a. O., S. 57.

153 Vgl. auch Ulrich Fröschle, Markus Josef Klein u. Michael Paulwitz (Hgg.): Der andere Mohler. Lesebuch für einen Selbstdenker – Armin Mohler zum 75. Geburtstag, Limburg a. d. Lahn 1995, S. 153. [Faksimile eines Eintrags M. Mourres im Gästebuch der Familie Mohler vom 5. November 1954; N. W.]

154 Vgl. Mohler u. Müller: Gespräch, S. 57.

155 Vgl. R. Hepp: Höllentelefonat, S. 59.

156 A. a. O., S. 56.

157 Vgl. o. A.: Katalogverzeichnis der »Sammlung Ruhr-Universität Bochum« im Universitätsarchiv Bielefeld, URL: <http://www.archive.nrw.de/LAV_NRW/jsp/bestand.jsp?archivNr=469&tektId=81&expandId=75>, zuletzt geprüft am 28. August 2012.

158 Dillmann u. Huebner: Versailles II?, S. 5.

159 Ebd. [Fettschrift im Original; N. W.]

160 Mohler: Erinnerung, S. 325.

161 Dillmann u. Huebner: Versailles II?, S. 5. [Fettschrift im Original; N. W.]

162 Vgl. Weißmann: Mohler, S. 161; sowie Grebing: Konservative, S. 413.

163 Dillmann u. Huebner: Versailles II?, S. 5.

164 Grebing: Konservative, S. 248.

165 Dillmann u. Huebner: Versailles II?, S. 6. [Fettschrift im Original; N. W.]

166 A. a. O., S. 5. [Fettschrift im Original; N. W.]

167 A. a. O., S. 6. [Fettschrift und Hervorhebung im Original; N. W.]

168 Vgl. Carl Schmitt: Der Begriff des Politischen. Text von 1932 mit einem Vorwort und drei Corollarien, unveränd. Nachdr. d. 1963 erschienenen Aufl., Berlin 1987, S. 44f.

169 Ernst Forsthoff: Zur heutigen Situation einer Verfassungslehre; in: Hans Barion, Ernst-Wolfgang Böckenförde, Ernst Forsthoff u. Werner Weber (Hgg.): Epirrhosis. Festgabe für Carl Schmitt, Bd. 1, Berlin 1968, S. 185–211, hier S. 202.

170 Dillmann u. Huebner: Versailles II?, S. 6.

171 A. a. O., S. 5.

172 A. a. O., S. 6.

173 Ebd. [Fettschrift im Original; N. W.]

174 Vgl. van Laak: Gespräche, S. 192–200 u. S. 276–281.

175 Dillmann u. Huebner: Versailles II?, S. 6. [Fettschrift im Original; N. W.]

176 Van Laak: Gespräche, S. 277.

177 Mohler (Hg.): Briefwechsel, S. 234, Anmerkung Nr. 282.

178 Böckenförde: Schlüssel, S. 288.

179 Schmitt: Begriff des Politischen, S. 39.

180 Vgl. Dillmann u. Huebner: Versailles II?, S. 6.

181 A. a. O., S. 7. [Fettschrift im Original; N. W.]

182 A. a. O., S. 6.

183 Van Laak: Gespräche, S. 261.
184 Mohler (Hg.): Briefwechsel, S. 422. [Brief Mohlers an Schmitt vom 21. Januar 1978; N. W.]
185 Robert Hepp: Die Versicherung des Ernstfalls: der Sozialstaat; in: Anton Peisl u. Armin Mohler (Hgg.): Der Ernstfall, Schriften der Carl Friedrich von Siemens Stiftung, Bd. 2, Frankfurt/Main, Berlin u. Wien 1979, S. 142–168, hier S. 151.
186 Dillmann u. Huebner: Versailles II?, S. 7.
187 Ebd.
188 Ebd.
189 Ebd. [Fettschrift im Original; N. W.]
190 Ebd.
191 A. a. O., S. 6.
192 Vgl. Carl Schmitt: Der Nomos der Erde im Völkerrecht des Jus Publicum Europaeum, 2. Aufl., Berlin 1974, S. 6. [M. Hepp wie auch H. Lübbe werden die Erstausgabe von 1950 gekannt haben; N. W.]
193 Vgl. Dillmann u. Huebner: Versailles II?, S. 7.
194 Forsthoff: Verfassungslehre, S. 193.
195 Dillmann u. Huebner: Versailles II?, S. 8. [Fettschrift im Original; N. W.]
196 Ebd.
197 Ebd.
198 Ebd.
199 A. a. O., S. 5.
200 A. a. O., S. 6.
201 A. a. O., S. 7.
202 Ebd. [Sperrsatz im Original; N. W.]
203 A. a. O., S. 8.
204 A. a. O., S. 5.
205 A. a. O., S. 6.
206 Ebd.
207 Vgl. van Laak: Gespräche, S. 278f.
208 Mohler: Konservatismus, S. 47.
209 Karlheinz Weißmann: Pluralismus als Falle; in: *Sezession* Nr. 19, (5) 2007, S. 8–13, hier S. 10.
210 Vgl. Mohler: Angst, o. S. [Verlagseigenwerbung; N. W.]
211 Weißmann: Gaullisten, S. 19.
212 Armin Mohler: Der Konservative in der technischen Zivilisation; in: ders.: Von rechts gesehen, Stuttgart-Degerloch 1974, S. 13–35, hier S. 17.
213 Vgl. Hoeres: Streitfälle, S. 703.
214 Vgl. Bischoff: Außenpolitik, S. 151; ebenso Vgl. Hoeres: Reise.
215 Leggewie: Denkfabriken, S. 196.
216 Bischoff: Außenpolitik, S. 162.
217 Vgl. exemplarisch o. A.: Drucksache V/1650; in: Verhandlungen des Deutschen Bundestages, 5. Wahlperiode, Anlagen zu den stenographischen Berichten, Bd. 111, Drucksachen V/1581 bis V/1690, Bonn 1968, o. S.
218 Hoeres: Streitfälle, S. 720.
219 A. a. O., S. 704.

220 M. Hepp: Atomsperrvertrag, S. 28.
221 A. a. O., S. 20.
222 A. a. O., S. 9.
223 Hoeres: Streitfälle, S. 717.
224 M. Hepp: Atomsperrvertrag, S. 11.
225 A. a. O., S. 12.
226 A. a. O., S. 19.
227 A. a. O., S. 24.
228 A. a. O., S. 16.
229 A. a. O., S. 22.
230 A. a. O., S. 27.
231 Vgl. a. a. O., S. 64ff.
232 Vgl. a. a. O., S. 67–71.
233 A. a. O., S. 58.
234 Vgl. Mohler u. Müller: Gespräch, S. 55; ebenso Weißmann: Gaullisten, S. 18.
235 Weißmann: Intelligenz, S. 41.
236 M. Hepp: Atomsperrvertrag, S. 120.
237 Hoeres: Streitfälle, S. 715.
238 Faber: Abendland, S. 195.
239 Bischoff: Außenpolitik, S. 216.
240 Hoeres: Streitfälle, S. 719.
241 Thadden: Rechte, S. 281.
242 Mohler u. Müller: Gespräch, S. 56.
243 Hoeres: Streitfälle, S. 712.
244 Mohler: Konservatismus, S. 47.
245 Vgl. R. Hepp: Lebenslauf, o. S.
246 Vgl. Schreiben Karl Lehmanns an den Verfasser vom 18. Juli 2012.
247 Schreiben Karl Lehmanns an den Verfasser vom 23. August 2012.
248 Vgl. R. Hepp: Lebenslauf, o. S.
249 Vgl. Weißmann: Mohler, S. 95 u. S. 107; sowie Karlheinz Weißmann: Robert Hepp; in: Erik Lehnert u. Karlheinz Weißmann: Rechte Intelligenz; in: *Sezession* Nr. 38, (8) 2010, S. 36–43, hier S. 39. [Dort findet sich das Faksimile eines Eintrags von R. Hepp in das Gästebuch Mohlers vom 5. September 1961; N. W.]
250 Vgl. Mohler: Nasenring, S. 123.
251 Horst Seferens: »Leute von übermorgen und von vorgestern«. Ernst Jüngers Ikonographie der Gegenaufklärung und die deutsche Rechte nach 1945, Bodenheim 1998, S. 234.
252 Vgl. Weißmann: Mohler, S. 129.
253 Vgl. Leggewie: Denkfabriken, S. 196.
254 R. Hepp: Höllentelefonat, S. 51.
255 Ebd.
256 Vgl. Karlheinz Weißmann: Das konservative Minimum, *kaplaken*, Bd. 1, Schnellroda 2007, S. 28.
257 R. Hepp: Höllentelefonat, S. 51.
258 Schmidt: Standort, S. 11.
259 R. Hepp: Höllentelefonat, S. 53.

260 Weißmann: Hepp, S. 38f. Nach R. Hepps eigener Darstellung ist diese Information jedoch fehlerhaft, und Eschenburg verwies ihn lediglich des Seminars; Vgl. R. Hepp: Missetaten, S. 23.

261 Vgl. R. Hepp: Lebenslauf, o. S.

262 Schreiben Günther Deschners an den Verfasser vom 15. Februar 2012.

263 R. Hepp: Lebenslauf, o. S.

264 Schreiben Günther Deschners an den Verfasser vom 15. Februar 2012.

265 Vgl. R.Hepp: Leserbrief.

266 Weißmann: Mohler, S. 128.

267 R. Hepp: Leserbrief, S. 86.

268 Weißmann: Hepp, S. 39.

269 Weißmann: Gaullisten, S. 16f.

270 Mohler (Hg.): Briefwechsel, S. 332. [Brief Mohlers an Schmitt vom 9. Juli 1963; N. W.]

271 Vgl. a. a. O., S. 339. [Brief Schmitts an Mohler vom 3. Juni 1964; N. W.]

272 Vgl. ebd. [Schmitt bittet Mohler dort auch um Weitergabe an einen »Seegeist«, d.i. Caspar von Schrenck-Notzing; N. W.]; sowie Mußgnug et al. (Hgg.): Briefwechsel, S. 457, Anmerkung Nr. 10 zu Brief Nr. 182. [Brief Forsthoffs an Schmitt vom 20. Mai 1964; N. W.]

273 Piet Tommissen: In Sachen Carl Schmitt, Wien 1997, S. 34f. [Versalschrift, Kursivierung u. Umbruch im Original. Zeilen- und Absatzabstände teilweise angepaßt; N. W.]

274 Vgl. Mohler (Hg.): Briefwechsel, S. 354 [Brief Schmitts an Mohler vom 31. August 1965; N. W.] u. S. 385. [Brief Schmitts an Mohler vom 1. Juni 1965, mit dem Wunsch nach einem Gespräch mit R. Hepp; N. W.]

275 Vgl. Carl Schmitt: Politische Theologie. Vier Kapitel zur Lehre von der Souveränität, 8. Aufl., Berlin 2004.

276 Vgl. Schmitt u. Sander: Werkstatt-Discorsi, S. 104 [Brief Schmitts an Sander vom 30. Januar 1970; N. W.] u. S. 107. [Brief Schmitts an Sander vom 4. Februar 1970; N. W.]

277 A. a. O., S. 107ff. [Brief Sanders an Schmitt vom 5. Februar 1970; N. W.] u. S. 111f. [Brief Schmitts an Sander vom 20. Februar 1970; N. W.]

278 Vgl. Anton Peisl u. Armin Mohler (Hgg.): Der Ernstfall, Schriften der Carl Friedrich von Siemens-Stiftung, Bd. 2, Frankfurt/Main, Berlin u. Wien 1979, S. 230.

279 R. Hepp: Lebenslauf, o. S.

280 Vgl. Robert Hepp: Politische Theologie und theologische Politik. Studien zur Säkularisierung des Protestantismus im Weltkrieg und in der Weimarer Republik, Diss. Erlangen 1967, Teildruck o. O.

281 A. a. O., o. S.

282 Schmitt u. Sander: Werkstatt-Discorsi, S. 101, Anmerkung Nr. 66.

283 Weißmann: Hepp, S. 39.

284 Schmitt u. Sander: Werkstatt-Discorsi, S. 94. [Brief Sanders' an Schmitt vom 13. Dezember 1969; N. W.]

285 R. Hepp: Missetaten, S. 23.

287 Richard Saage: Einleitung: Rückkehr zum starken Staat? Zur Renaissance

des Freund-Feind-Denkens in der Bundesrepublik; in: ders. (Hg.): Rückkehr zum starken Staat? Studien über Konservatismus, Faschismus und Demokratie, edition suhrkamp – Neue Folge, Bd. 133, Frankfurt am Main 1983, S. 7–42, hier S. 23.

288 Robert Hepp: Die Polizei im sozialen Polizeistaat; in: Gerd-Klaus Kaltenbrunner (Hg.): Der Apparatschik. Die Inflation der Bürokratie in Ost und West, *Herderbücherei Initiative*, Bd. 12, München 1976, S. 62–82, hier S. 71.

289 A. a. O., S. 67.

290 Forsthoff: Verfassungslehre, S. 195f.

291 Schmitt: Politische Theologie, S. 13.

292 R. Hepp: Versicherung, S. 156.

293 Mohler u. Müller: Gespräch, S. 56.

294 Van Laak: Gespräche, S. 199, Anmerkung Nr. 88.

295 Vgl. Michael Haller u. Gerhard C. Deiters: Alte Parolen, neue Parteien. Die Republikaner und die Deutsche Volksunion – Liste D; in: Wolfgang Benz (Hg.): Rechtsextremismus in der Bundesrepublik. Voraussetzungen, Zusammenhänge, Wirkungen. Frankfurt/Main 1989, S. 248–272, hier S. 256; ebenso Weißmann: Mohler, S. 219; sowie Franz Schönhuber: Trotz allem Deutschland, München u. Wien 1987, S. 255ff. [Dort findet sich auch das Faksimile einer Entschließung des »Deutschlandrats« mit R. Hepps und A. Mohlers Namen; N. W.]

296 Weißmann: Hepp, S. 39.

297 Mohler: Nasenring, S. 205.

298 Peter Glotz: Deutsche Gefahren; in: *Der Spiegel* Nr. 17, (48) 1994, S. 30f., hier S. 31.

299 Weißmann: Hepp, S. 39.

300 Vgl. Lion Edler: Eine Leerstelle füllen. Konservatismus: Das unabhängige Institut für Staatspolitik befaßte sich auf einem Kongreß mit Alternativen nach 1945; in: *Junge Freiheit* Nr. 41, (25) 2010, S. 14.

301 Vgl. Weißmann: Mohler, S. 95 u. S. 107.

302 Vgl. Weißmann: Hepp, S. 39. [Dort findet sich das Faksimile eines Eintrags von R. Hepp in das Gästebuch Mohlers vom 5. September 1961; N. W.]

303 Vgl. R. Hepp: Lebenslauf, o. S.

304 R. Hepp: Höllentelefonat, S. 50.

305 A. a. O., S. 51.

306 Vgl. Piet Tommissen: Reminiszenzen aus vier Jahrzehnten; in: Ulrich Fröschle, Markus Josef Klein u. Michael Paulwitz (Hgg.): Der andere Mohler. Lesebuch für einen Selbstdenker – Armin Mohler zum 75. Geburtstag, Limburg a. d. Lahn 1995, S. 139–149, hier S. 146.

307 Weißmann: Hepp, S. 38.

308 Weißmann: Mohler, S. 129.

309 A. a. O., S. 146.

310 Mohler (Hg.): Briefwechsel, S. 312. [Brief Schmitts an Mohler vom 14. Dezember 1961; N. W.]

311 Vgl. a. a. O., S. 339. [Brief Schmitts an Mohler vom 3. Juni 1964; N. W.]; sowie Mußgnug et al. (Hgg.): Briefwechsel, S. 457, Anmerkung Nr. 10 zu Brief Nr. 182. [Brief Forsthoffs an Schmitt vom 20. Mai 1964; N. W.]

312 Mohler (Hg.): Briefwechsel, S. 331. [Brief Schmitts an Mohler vom 22. Mai

1963; N. W.]

313 Vgl. Mohler u. Müller: Gespräch, S. 56.

314 Mohler (Hg.): Briefwechsel, S. 331. [Brief Schmitts an Mohler vom 22. Mai 1963. Unterstreichung im Original; N. W.]

315 A. a. O., S. 354 [Brief Schmitts an Mohler vom 31. August 1965; N. W.] u. S. 385. [Brief Schmitts an Mohler vom 1. Juni 1967; N. W.]

316 a. a. O., S. 345. [Brief Mohlers an Schmitt vom 22. April 1965. Kursivierung im Original; N. W.]

317 Ebd. [Kursivierung im Original; N. W.]

318 Vgl. a. a. O., S. 389. [Brief Schmitts an Mohler vom 28. Dezember 1967; N. W.]

319 Vgl. a. a. O., S. 94. [Brief Sanders an Schmitt vom 13. Dezember 1969; N. W.]

320 Vgl. a. a. O., S. 104 [Brief Schmitts an Sander vom 30. Januar 1970; N. W.] u. S. 107. [Brief Schmitts an Sander vom 4. Februar 1970; N. W.]

321 Vgl. a. a. O., S. 108f. [Brief Sanders an Schmitt vom 5. Februar 1970; N. W.]

322 Vgl. ebd.; sowie a. a. O., S. 111f. [Brief Schmitts an Sander vom 20. Februar 1970; N. W.]

323 A. a. O., S. 182. [Brief Schmitts an Sander vom 2. November 1971; N. W.]

324 Vgl. R. Hepp: Versicherung.

325 Vgl. R. Hepp: Polizeistaat.

326 Vgl. R. Hepp: Endlösung.

327 Vgl. van Laak: Gespräche, S. 199, Anmerkung Nr. 88.

328 Vgl. Armin Mohler: Konservativ 1962; in: *Der Monat* Nr. 163, (14) 1962, S. 23–29.

329 A. a. O., S. 23. [Vorwort der »Monat«-Redaktion; N. W.]

330 Ebd.

331 Ebd.

332 Golo Mann: Konservative Politik und konservative Charaktere; in: *Der Monat* Nr. 165, (14) 1962, S. 48–54, hier S. 48. [Vorwort der *Monat*-Redaktion; N. W.]

333 Vgl. Dietrich Schwarzkopf: Was ist heute eigentlich konservativ?; in: *Der Monat* Nr. 164, (14) 1962, S. 45–50.

334 Vgl. Mann: Konservative Politik.

335 Vgl. Hans-Joachim von Merkatz: Konservatives Denken – pseudo-konservative Theorie; in: *Der Monat* Nr. 165, (14) 1962, S. 54–56.

336 Vgl. Caspar von Schrenck-Notzing: Wider die Gefühlspolitik; in: *Der Monat* Nr. 165, (14) 1962, S. 56–59.

337 Vgl. Klaus Harpprecht: Verteidigung der Altmodischen; in: *Der Monat* Nr. 165, (14) 1962, S. 59–63.

338 Vgl. Eugen Gerstenmaier: Was heißt heute konservativ?; in: *Der Monat* Nr. 166, (14) 1962, S. 27–30.

339 Vgl. Hans Zehrer: Heute wieder zukunftsträchtig; in: *Der Monat* Nr. 166, (14) 1962, S. 30–32.

340 Vgl. Peter Dürrenmatt: Europa wird konservativ sein – oder es wird nicht sein; in: *Der Monat* Nr. 166, (14) 1962, S. 32–36.

341 Vgl. R. Hepp: Lebenslauf, o. S.

342 Vgl. Schmidt: Standort, S. 11f.

343 Van Laak: Gespräche, S. 190.

344 Weißmann: Mohler, S. 128.

345 Seferens: Gegenaufklärung, S. 139.

346 Weißmann: Mohler, S. 128.

347 R. Hepp: Leserbrief, S. 86.

348 Ebd.

349 Ebd.

350 A. a. O., S. 87.

351 Vgl. Schmidt: Standort, S. 11.

352 R. Hepp: Leserbrief, S. 87. [Mit der »Staatsbürgerfibel« wahrscheinlich gemeint ist Theodor Eschenburg: Staat und Gesellschaft in Deutschland, 2. durchges. Aufl., Stuttgart 1957; N. W.]

353 A. a. O., S. 88. [Kursivierung im Original; N. W.]

354 Ebd.

355 Vgl. Schmidt: Standort, S. 15f.

356 Vgl. Winfried Martini: Das Ende aller Sicherheit. Eine Kritik des Westens, Stuttgart 1954.

357 R. Hepp: Leserbrief, S. 88.

358 Ebd. [Kursivierung im Original; N. W.]

359 Ebd.

360 Ebd.

361 Ebd.

362 A. a. O., S. 90.

363 Ebd.

364 Vgl. ebd.

365 Vgl. a. a. O., S. 91.

366 A. a. O., S. 88.

367 A. a. O., S. 90.

368 A. a. O., S. 88.

369 Weißmann: Hepp, S. 39.

370 R. Hepp: Leserbrief, S. 91.

371 Ebd. [Kursivierung im Original; N. W.]

372 Schmitt: Begriff des Politischen, S. 47. [R. Hepp wird mit dem Originaltext vertraut gewesen sein. Kursivierung im Original; N. W.]

373 Mohler: Konservativ 1962, S. 23. [Vorwort der *Monat*-Redaktion; N. W.]

374 R. Hepp: Leserbrief, S. 88.

375 A. a. O., S. 91.

376 Günter Bartsch: Revolution von rechts? Ideologie und Organisation der Neuen Rechten, Freiburg im Breisgau 1975, S. 135.

377 Vgl. Weißmann: Intelligenz, S. 49.

378 Vgl. Weißmann: Gaullisten, S. 16.

379 R. Hepp: Leserbrief, S. 90.

380 Vgl. Helmut Schelsky: Die skeptische Generation. Eine Soziologie der deutschen Jugend, einm. Sonderausgabe, Düsseldorf u. Köln 1963.

381 R. Hepp: Leserbrief, S. 87.

382 A. a. O., S. 91.

383 Vgl. a. a. O., S. 86.

384 A. a. O., S. 92.

385 Gemeint ist hier die vom Schweizerischen Unteroffiziersverband herausgegebene Schriftenreihe »Der totale Widerstand«, bei der es sich um eine detaillierte Kampfanleitung gegen eine feindliche Besatzungsmacht handelt und die in der Bundesrepublik seit 1988 der Indizierung durch die Bundesprüfstelle für jugendgefährdende Schriften/Medien unterliegt; Vgl. Hans von Dach: Der totale Widerstand. Kleinkriegsanleitung für jedermann, Schriftenreihe des Schweizerischen Unteroffiziersverbandes, Nr. 4, 2. Aufl., Biel 1958.

386 R. Hepp: Leserbrief, S. 91.

387 A. a. O., S. 90.

388 Ebd.

389 Karlheinz Weißmann: Hepp, Robert; in: Erik Lehnert u. Karlheinz Weißmann (Hgg.): Vordenker, Staatspolitisches Handbuch, Bd. 3, Schnellroda 2012, S. 84f., hier S. 85.

390 R. Hepp: Vorbemerkung; in: ders. Politische Theologie und theologische Politik. Studien zur Säkularisierung des Protestantismus im Weltkrieg und in der Weimarer Republik, Diss. Erlangen 1967, Teildruck o. O., o. S.

391 R. Hepp: Politische Theologie, S. 3.

392 A. a. O., S. 6.

393 A. a. O., S. 12.

394 Vgl. a. a. O., S. 8ff.

395 A. a. O., S. 11.

396 A. a. O., S. 19.

397 R. Hepp: Versicherung, S. 155f.

398 R. Hepp: Politische Theologie, S. 23.

399 Vgl. a. a. O., S. 22–26.

400 A. a. O., S. 30.

401 Vgl. a. a. O., S. 79.

402 Vgl. a. a. O., S. 81f.

403 A. a. O., S. 93.

404 Ebd.

405 Vgl. Forsthoff: Verfassungslehre, S. 206.

406 R. Hepp: Politische Theologie, S. 111.

407 Vgl. a. a. O., S. 112.

408 A. a. O., S. 113.

409 Vgl. a. a. O., S. 146.

410 A. a. O., S. 150.

411 A. a. O., S. 158.

412 Vgl. a. a. O., S. 167.

413 Ebd.

414 Vgl. Schmitt: Begriff des Politischen, S. 54.

415 Vgl. Schmitt u. Sander: Werkstatt-Discorsi, S. 108. [Brief Sanders an Schmitt vom 5. Februar 1970; N. W.]

416 Weißmann: Intelligenz, S. 41.

417 Mohler: Erinnerung, S. 324. [Kursivierung im Original; N. W.]

Quellen- und Literaturverzeichnis

1 Auskünfte von

Dr. Günther Deschner (Schreiben vom 15. Februar 2012)

Prof. Dr. Robert Hepp (Schreiben vom 27. Februar 2012)

Karl Kardinal Lehmann (Schreiben vom 18. Juli und 23. August 2012)

Wilfried Scharnagl (Telefonat vom 26. August 2012)

Dr. Karlheinz Weißmann (Schreiben vom 18. August 2012)

2 Literatur

2.1 Schriften der Gebrüder Hepp

Marcel Hepp: Der Atomsperrvertrag. Die Supermächte verteilen die Welt, Stuttgart-Degerloch 1968.

Robert Hepp: Die Endlösung der deutschen Frage. Grundlinien einer politischen Demographie der Bundesrepublik Deutschland, mit einem Exkurs über Demokratie und Identität, Tübingen 1988.

Ders.: Die Polizei im sozialen Polizeistaat; in: Gerd-Klaus Kaltenbrunner (Hg.): Der Apparatschik. Die Inflation der Bürokratie in Ost und West, *Herderbücherei Initiative*, Bd. 12, München 1976, S. 62–82.

Ders.: Die Versicherung des Ernstfalls: der Sozialstaat; in: Anton Peisl u. Armin Mohler (Hgg.): Der Ernstfall, Schriften der Carl Friedrich von Siemens-Stiftung, Bd. 2, Frankfurt/Main, Berlin u. Wien 1979, S. 142–168.

Ders.: Lebenslauf; in: ders. Politische Theologie und

theologische Politik. Studien zur Säkularisierung des Protestantismus im Weltkrieg und in der Weimarer Republik, Diss. Erlangen 1967, Teildruck o. O., o. S.

Ders.: Leserbrief zur Reihe »Was ist eigentlich konservativ?«; in: *Der Monat* Nr. 168, (14) 1962, S. 86–92.

Ders.: Mohler sub specie aeternitatis. Ein Höllentelefonat von Robert mit Marcel Hepp; in: Ulrich Fröschle, Markus Josef Klein u. Michael Paulwitz (Hgg.): Der andere Mohler. Lesebuch fur einen Selbstdenker – Armin Mohler zum 75. Geburtstag, Limburg a. d. Lahn 1995, S. 47–59.

Ders.: Politische Theologie und theologische Politik. Studien zur Säkularisierung des Protestantismus im Weltkrieg und in der Weimarer Republik, Diss. Erlangen 1967, Teildruck o. O.

Ders.: Vorbemerkung; in: ders. Politische Theologie und theologische Politik. Studien zur Säkularisierung des Protestantismus im Weltkrieg und in der Weimarer Republik, Diss. Erlangen 1967, Teildruck o. O., o. S.

Ders.: Wirkliche Missetaten reichen; in: *Junge Freiheit* Nr. 10, (28) 2013, S. 23.

2.2 Sonstige Literatur

Hans Abich (Hg.): Versuche über Deutschland. Referate und Gespräche, Bremen 1970.

Rudolf Augstein: Die Russen kommen; in: *Der Spiegel* Nr. 35, (23) 1969, S. 16.

Hans-Dieter Bamberg: Die Deutschland-Stiftung e.V. Studien über Kräfte der »demokratischen Mitte« und des Konservatismus in der Bundesrepublik Deutschland, Meisenheim am Glan 1978.

Hans Barion, Ernst-Wolfgang Böckenförde, Ernst Forsthoff u. Werner Weber (Hgg.): Epirrhosis. Festgabe für Carl Schmitt, Bd. 1, Berlin 1968.

Günter Bartsch: Revolution von rechts? Ideologie und Organisation der Neuen Rechten, Freiburg im Breisgau 1975.

Wolfgang Benz (Hg.): Rechtsextremismus in der Bundesrepublik. Voraussetzungen, Zusammenhänge, Wirkungen, Frankfurt/Main 1989.

Detlef Bischoff: Franz Josef Strauß, die CSU und die Außenpolitik. Konzeption und Realität am Beispiel der Großen Koalition, Meisenheim am Glan 1973.

Ernst-Wolfgang Böckenförde: Der Begriff des Politischen als Schlüssel zum staatsrechtlichen Werk Carl Schmitts; in: Helmut Quaritsch (Hg.): Complexio Oppositorum – Über Carl Schmitt. Vorträge und Diskussionsbeiträge des 28. Sonderseminars 1986 der Hochschule für Verwaltungswissenschaften Speyer, Schriftenreihe der Hochschule Speyer, Bd. 102, Berlin 1988, S. 283–299.

Hans von Dach: Der totale Widerstand. Kleinkriegsanleitung für jedermann, Schriftenreihe des Schweizerischen Unteroffiziersverbandes, Nr. 4, 2. Aufl., Biel 1958 (indiziert gemäß *Bundesanzeiger* Nr. 211 vom 10. November 1988).

Klaus Dillmann u. Raoul Huebner: Das Grundgesetz = Versailles II? Zum Bochumer Vortrag eines Strauß-Schülers; in: *Ruhr-Reflexe* Nr. 4, (2) 1967, S. 5–8.

Peter Dürrenmatt: Europa wird konservativ sein – oder es wird nicht sein; in: *Der Monat* Nr. 166, (14) 1962, S. 32–36.

Lion Edler: Eine Leerstelle füllen. Konservatismus: Das unabhängige Institut für Staatspolitik befaßte sich auf einem Kongreß mit Alternativen nach 1945; in: *Junge Frei-*

heit Nr. 41, (25) 2010, S. 14.

Theodor Eschenburg: Staat und Gesellschaft in Deutschland, 2. durchges. Aufl., Stuttgart 1957.

Richard Faber: Abendland. Ein »politischer Kampfbegriff«, Hildesheim, 1979.

Ernst Forsthoff: Zur heutigen Situation einer Verfassungslehre; in: Hans Barion, Ernst-Wolfgang Böckenförde, Ernst Forsthoff u. Werner Weber (Hgg.): Epirrhosis. Festgabe für Carl Schmitt, Bd. 1, Berlin 1968, S. 185–211.

Robert Frank u. Wilfried Steinhart: Schiefertafelfabrik in Dettingen/Hohenzollern. Ergänzungen und weitere Abbildungen; in: *Hohenzollerische Heimat* Nr. 1, (59) 2009, S. 90–93.

Ulrich Fröschle, Markus Josef Klein u. Michael Paulwitz (Hgg.): Der andere Mohler. Lesebuch für einen Selbstdenker – Armin Mohler zum 75. Geburtstag, Limburg a. d. Lahn 1995.

Eugen Gerstenmaier: Was heißt heute konservativ?; in: *Der Monat* Nr. 166, (14) 1962, S. 27–30.

Peter Glotz: Deutsche Gefahren; in: *Der Spiegel* Nr. 17, (48) 1994, S. 30f.

Helga Grebing: Konservative gegen die Demokratie. Konservative Kritik an der Demokratie in der Bundesrepublik nach 1945, Frankfurt/Main 1971.

Michael Haller u. Gerhard C. Deiters: Alte Parolen, neue Parteien. Die Republikaner und die Deutsche Volksunion – Liste D; in: Wolfgang Benz (Hg.): Rechtsextremismus in der Bundesrepublik. Voraussetzungen, Zusammenhänge, Wirkungen. Frankfurt/Main 1989, S. 248–272.

Klaus Harpprecht: Verteidigung der Altmodischen; in:

Der Monat Nr. 165, (14) 1962, S. 59–63.

Peter Hoeres: Außenpolitik, Öffentlichkeit, öffentliche Meinung. Deutsche Streitfälle in den »langen 19sechziger Jahren«; in: *Historische Zeitschrift* Nr. 3, Bd. 291, 2010, S. 689–720.

Ders.: Reise nach Amerika. Axel Springer und die Transformation des deutschen Konservatismus in den 1960er- und 1970er-Jahren; in: *Zeithistorische Forschungen/Studies in Contemporary History*, Online-Ausgabe 1, 2012, URL: <http://www.zeithistorische-forschungen.de/16126041-Hoeres-1-2012>, zuletzt geprüft am 28. August 2012.

Heinz Höfl: »Ich habe mitgeschrieben – Sie sind erledigt.« Über Auseinandersetzungen in der Parteileitung 1967; in: *Süddeutsche Zeitung* vom 17. März 1967, S. 3.

Claus Jacobi: Schweitzers Uhr geht anders. Ein Bericht aus dem Urwald-Hospital in Lambarene; in: *Der Spiegel* Nr. 52, (14) 1960, S. 62–67.

Gerd-Klaus Kaltenbrunner (Hg.): Der Apparatschik. Die Inflation der Bürokratie in Ost und West, *Herderbücherei Initiative*, Bd. 12, München 1976.

Ders. (Hg.): Die Herausforderung der Konservativen. Absage an Illusionen, *Herderbücherei Initiative*, Bd. 3, München 1974.

Ders. (Hg.): Konservatismus international, Stuttgart-Degerloch 1973.

Marianne Kesting: Begegnungen mit Carl Schmitt; in: Piet Tommissen (Hg.): Schmittiana. Beiträge zu Leben und Werk Carl Schmitts, Bd. 4, Berlin 1994, S. 93–118.

Ulrich Klug, Marcel Hepp, Karl-Hermann Flach u. Matthias Becker: Die peinliche Verfassung; in: Hans Abich

(Hg.): Versuche über Deutschland. Referate und Gespräche, Bremen 1970, S. 41–57.

Dirk van Laak: From the Conservative Revolution to Technocratic Conservatism; in: Jan-Werner Müller (Hg.): German Ideologies since 1945. Studies in the Political Thought and Culture of the Bonn Republic, Europe in Transition: The NYU European Studies Series, Bd. 5, New York 2003, S. 147–160.

Ders.: Gespräche in der Sicherheit des Schweigens. Carl Schmitt in der politischen Geistesgeschichte der frühen Bundesrepublik, Berlin 1993.

Claus Leggewie: Der Geist steht rechts. Ausflüge in die Denkfabriken der Wende, Berlin 1987.

Erik Lehnert u. Karlheinz Weißmann: Rechte Intelligenz; in: *Sezession* Nr. 38, (8) 2010, S. 36–43.

Dies. (Hgg.): Vordenker, Staatspolitisches Handbuch, Bd. 3, Schnellroda 2012.

Golo Mann: Konservative Politik und konservative Charaktere; in: *Der Monat* Nr. 165, (14) 1962, S. 48–54.

Susanne Mantino: Die »Neue Rechte« in der »Grauzone« zwischen Rechtsextremismus und Konservatismus. Eine systematische Analyse des Phänomens »Neue Rechte«, Frankfurt/Main 1992.

Winfried Martini: Das Ende aller Sicherheit. Eine Kritik des Westens, Stuttgart 1954.

Günter Maschke: Strom und Rinnsal. Die allzu banale Historisierung Carl Schmitts; in: *Junge Freiheit* Nr. 8, (27) 2012, S. 20.

Hans-Joachim von Merkatz: Konservatives Denken – pseudo-konservative Theorie; in: *Der Monat* Nr. 165, (14)

1962, S. 54–56.

Armin Mohler: Außenpolitik der Vorleistungen; in: ders.: Von rechts gesehen, Stuttgart-Degerloch 1974, S. 78–81.

Ders. (Hg.): Carl Schmitt. Briefwechsel mit einem seiner Schüler, in Zusammenarbeit mit Irmgard Huhn u. Piet Tommissen, Berlin 1995.

Ders.: Der faschistische Stil; in: ders.: Von rechts gesehen, Stuttgart-Degerloch 1974, S. 179–221.

Ders.: Der Konservative in der technischen Zivilisation; in: ders.: Von rechts gesehen, Stuttgart-Degerloch 1974, S. 13–35.

Ders.: Der Nasenring. Die Vergangenheitsbewältigung vor und nach dem Fall der Mauer, München 1991.

Ders.: Deutscher Konservatismus seit 1945; in: Gerd-Klaus Kaltenbrunner: Die Herausforderung der Konservativen. Absage an Illusionen, Herderbücherei Initiative, Bd. 3, München 1974, S. 34–53.

Ders.: Die Konservative Revolution in Deutschland 1918 – 1932. Grundriß ihrer Weltanschauungen, Stuttgart 1950.

Ders.: Erinnerung an einen Freund; in: ders.: Von rechts gesehen, Stuttgart-Degerloch 1974, S. 324–327.

Ders.: Konservativ 1962; in: *Der Monat* Nr. 163, (14) 1962, S. 23–29.

Ders.: Nachruf auf Marcel Hepp; in: *Deutschland-Magazin* vom 9. Oktober 1970, S. 28.

Ders.: Von rechts gesehen, Stuttgart-Degerloch 1974.

Ders.: Was die Deutschen fürchten. Angst vor der Politik, Angst vor der Geschichte, Angst vor der Macht, Stuttgart-Degerloch 1965.

Armin Mohler u. Petra Müller: Das Gespräch. Über Linke, Rechte und Langweiler, Dresden 2001.

Dorothee Mußgnug, Reinhard Mußgnug u. Angela Reinthal (Hg.): Briefwechsel Ernst Forsthoff – Carl Schmitt 1926–1974, Berlin 2007.

Jan-Werner Müller: From National Identity to National Interest. The Rise (and Fall) of Germany's New Right; in: ders. (Hg.): German Ideologies since 1945. Studies in the Political Thought and Culture of the Bonn Republic, Europe in Transition: The NYU European Studies Series, Bd. 5, New York 2003, S. 185–205.

Ders. (Hg.): German Ideologies since 1945. Studies in the Political Thought and Culture of the Bonn Republic, Europe in Transition: The NYU European Studies Series, Bd. 5, New York 2003.

Paul Noack: Die CSU – nationalistisch oder was sonst?; in: *Der Monat* Nr. 261, (22) 1970, S. 6–12.

O. A.: Drucksache V/1650; in: Verhandlungen des Deutschen Bundestages, 5. Wahlperiode, Anlagen zu den stenographischen Berichten, Bd. 111, Drucksachen V/1581 bis V/1690, Bonn 1968, o. S.

O. A.: Dümmlich verschleiert; in: *Der Spiegel* Nr. 6, (23) 1969, S. 66f.

O. A.: Katalogverzeichnis der »Sammlung Ruhr-Universität Bochum« im Universitätsarchiv Bielefeld, URL: <http://www.archive.nrw.de/LAV_NRW/jsp/bestand.jsp?archivNr=469&tektId=81&expandId=75>, zuletzt geprüft am 28. August 2012.

O. A.: Nie da; in: *Der Spiegel* Nr. 46, (23) 1969, S. 32.

O. A.: Register. Gestorben; in: *Der Spiegel* Nr. 43, (24) 1970, S. 261f.

O. A.: Strampeln muß man; in: *Der Spiegel* Nr. 20, (24) 1970, S. 34–55.

O. A.: Verschwundener Brief; in: *Der Spiegel* Nr. 23, (23) 1969, S. 24.

O. A.: Wildern im Norden; in: *Der Spiegel* Nr. 49, (23) 1969, S. 30f.

Anton Peisl u. Armin Mohler (Hgg.): Der Ernstfall, Schriften der Carl Friedrich von Siemens-Stiftung, Bd. 2, Frankfurt/Main, Berlin, Wien 1979.

Helmut Quaritsch (Hg.): Complexio Oppositorum – Über Carl Schmitt. Vorträge und Diskussionsbeiträge des 28. Sonderseminars 1986 der Hochschule für Verwaltungswissenschaften Speyer, *Schriftenreihe der Hochschule Speyer*, Bd. 102, Berlin 1988.

Richard Saage: Einleitung: Rückkehr zum starken Staat? Zur Renaissance des Freund-Feind-Denkens in der Bundesrepublik; in: ders. (Hg.): Rückkehr zum starken Staat? Studien über Konservatismus, Faschismus und Demokratie, *edition suhrkamp* – Neue Folge, Bd. 133, Frankfurt am Main 1983, S. 7–42.

Ders. (Hg.): Rückkehr zum starken Staat? Studien über Konservatismus, Faschismus und Demokratie, *edition suhrkamp* – Neue Folge, Bd. 133, Frankfurt am Main 1983.

Helmut Schelsky: Die skeptische Generation. Eine Soziologie der deutschen Jugend, einm. Sonderausgabe, Düsseldorf-Köln 1963.

Giselher Schmidt: Der politische Standort des Bayern-Kurier, Frankfurt/Main 1970.

Carl Schmitt: Der Begriff des Politischen. Text von 1932 mit einem Vorwort und drei Corollarien, unveränd. Nachdr. d. 1963 erschienenen Aufl., Berlin 1987.

Ders.: Der Nomos der Erde im Völkerrecht des Jus Publicum Europaeum, 2. Aufl., Berlin 1974.

Ders.: Politische Theologie. Vier Kapitel zur Lehre von der Souveränität, 8. Aufl., Berlin 2004.

Carl Schmitt u. Hans-Dietrich Sander: Werkstatt-Discorsi. Briefwechsel 1967–1981, hgg. von Erik Lehnert u. Günter Maschke, Schnellroda 2008.

Franz Schönhuber: Trotz allem Deutschland, München u. Wien 1987.

Caspar von Schrenck-Notzing: Wider die Gefühlspolitik; in: *Der Monat* Nr. 165, (14) 1962, S. 56–59.

Dietrich Schwarzkopf: Was ist heute eigentlich konservativ?; in: *Der Monat* Nr. 164, (14) 1962, S. 45–50.

Horst Seferens: »Leute von übermorgen und von vorgestern«. Ernst Jüngers Ikonographie der Gegenaufklärung und die deutsche Rechte nach 1945, Bodenheim 1998.

Ludwig Steinkohl: Strauß fordert eine neue europäische Initiative; in: *Münchner Merkur* vom 10. Juni 1968, S. 2.

Adolf von Thadden: Die verfemte Rechte. Deutschland-, Europa- und Weltpolitik in Vergangenheit, Gegenwart und Zukunft aus der Sicht von rechts, Preußisch Oldendorf 1984.

Piet Tommissen: In Sachen Carl Schmitt, Wien 1997.

Ders.: Reminiszenzen aus vier Jahrzehnten; in: Ulrich Fröschle, Markus Josef Klein u. Michael Paulwitz (Hgg.): Der andere Mohler. Lesebuch für einen Selbstdenker – Armin Mohler zum 75. Geburtstag, Limburg a. d. Lahn 1995, S. 139–149.

Ders. (Hg.): Schmittiana. Beiträge zu Leben und Werk

Carl Schmitts, Bd. 4, Berlin 1994.

Torsten Uhrhammer: Strauß und die Konservativen. Überlegungen aus Anlaß seines 20. Todestages; in: *Sezession* Nr. 27, (6) 2008, S. 30f.

Rainer Waßner: Technokratischer Konservativismus; in: *Sezession* Nr. 38, (8) 2010, S. 24–28.

Nils Wegner: Er hat unangenehmen Fragen geantwortet. Der Soziologe Robert Hepp wird 75. Er warnte früh vor dem demographischen Niedergang der Deutschen, der heute jedermann offenkundig ist; in: *Junge Freiheit* Nr. 8, (28) 2013, S. 20.

Karlheinz Weißmann: Armin Mohler. Eine politische Biographie, Schnellroda 2011.

Ders.: Das konservative Minimum, *kaplaken*, Bd. 1, Schnellroda 2007.

Ders.: Die Gaullisten; in: *Sezession* Nr. 38, (8) 2010, S. 16–19.

Ders.: Hepp, Robert; in: Erik Lehnert u. Karlheinz Weißmann (Hgg.): Vordenker, Staatspolitisches Handbuch, Bd. 3, Schnellroda 2012, S. 84f.

Ders.: Kurze Geschichte der konservativen Intelligenz nach 1945, Berliner Schriften zur Ideologienkunde, Bd. 1, Schnellroda 2011.

Ders.: Pluralismus als Falle; in: *Sezession* Nr. 19, (5) 2007, S. 8–13.

Ders.: Robert Hepp; in: Erik Lehnert u. Karlheinz Weißmann: Rechte Intelligenz; in: *Sezession* Nr. 38, (8) 2010, S. 36–43, hier S. 38f.

Kurt Zach: Schwarzes Erwachen. Franz Josef Strauß ohne Nachfolger: Die schleichende Abdankung der CSU;

in: *Junge Freiheit* Nr. 27, (23) 2008, S. 1.

Hans Zehrer: Heute wieder zukunftsträchtig; in: *Der Monat* Nr. 166, (14) 1962, S. 30–32.